初級
管理者
向け

管理職・リーダー（基礎編）

人材アセスメント受験者、管理職のための

インバスケット演習と面接演習の実践

「HAコンサルティング株式会社」
著者：西山真一
監修：廣瀬正人

はじめに

本書は、

✓ これから管理職・リーダーを目指す方

✓ 近いうちに部下を持つ方

✓ マネジメント実戦の機会が少ない方

✓ 管理職・リーダーの経験がまだ浅い方

など、どのような方でも、インバスケット演習や面接演習などのケースを活用した体験型学習でマネジメントの基礎を学んでいただくことができるように企画しています。

まさに、実践的マネジメント学習の "基礎編" です。

勿論、すでに管理職・リーダーの方にもお役立ていただける内容になっております。

本書で用意させていただくケースは、"**インバスケット演習**" と "**面接演習**" です。

これらの演習は、通常、人材アセスメント研修や試験（以下、「人材アセスメント」といいます。）の際に、活用されます。そして、最近はマネジメントのトレーニング教材として活用されることも増え、演習を通じてマネジメントを実践的に疑似体験できるため、非常に優れた教育ツールとしての評価も高まってきています。

本書掲載の "**インバスケット演習**" と "**面接演習**" でマネジメントを疑似体験し、繰り返し学習していただくことで、現場ですぐに使える考える力、決める力、人や組織を動かす力、部下とのコミュニケーション力などのマネジメント実践力を向上させることが期待できます。

疑似体験でマネジメントの経験値を高めることができます

　さて、私は人材アセスメントなどでインバスケット演習の回答を見る機会が多くあります。回答を見て気がつくことは、日頃、自分のお仕事で分析、原因究明、計画立案などを行っている方でも、インバスケット演習でいつもとは違う状況設定の中に置かれると、分析力や論理思考などの潜在能力を発揮できないことがあるということです。

　これはマネジメントの経験値が不足していることなどが影響しているものと考えられます。例えば、研究や論文作成で使っている思考プロセス（分析など）は日常から使い、身についているのでそれらの場面では発揮することができます。一方、マネジメントという場面で使う思考プロセスや対人対応は身についていないので、潜在能力があっても発揮することができないのではないかと思われます。

　また、組織のマネジメント場面では、論理や知識以外に、状況に応じた柔軟な発想や着想、勇気、気概、自身の明確な方針や信念なども必要です。職場の風土や人間関係なども考慮しなければなりません。これらが不足している場合も、潜在能力を発揮できないことに繋がります。

　しかし、このように潜在能力をお持ちなのに、経験値などが不足しているためにマネジメントの場面で発揮することができないことは、実にもったいない話だと思います。

　そして、不足しているマネジメントの経験値などを補うことができるのが、インバスケット演習や面接演習です。これらの演習では、企業や組織の中で実際に起こり得るような状況がケースとして作り出されています。あなたは、プレッシャーと緊張感の中でマネジメントを実践的に疑似体験することができます。これらの演習を体験

することで、管理職・リーダーとして求められる能力を高めたり、引き出したり、不足するものに気づいたりすることができます。また、繰り返し学習することで、マネジメントの経験値を高めることにも繋がります。

面接演習を初掲載

今回は、初めて面接演習を掲載させていただきます。おそらく書籍では初公開だと思います。

面接演習は、１対１の面接場面のシミュレーションを通じて、説得・交渉・動機付け・問題解決などを行っていただく演習です。人材アセスメントの際には、演習終了後に、撮影したビデオの観察・振り返りを通じて、対人状況での自身の特徴を理解していただくとともに、コミュニケーション・スキルについて学んでいただいております。

マネジメントにおいて、部下との面接は非常に重要な場面です。部下と効果的な面接をするための能力を保持しているかどうかは、成果が上がる上司と、成果が上がらない上司との分かれ目の１つになります。

本書では、問題を抱える部下に対する状況設定の中で、上司として部下面接をするというケース（面接演習課題）を用意しています。
可能であれば、職場の方など、どなたかに部下役になっていただき実際にロールプレイングに取り組んでいただければと思います。その場合は、部下役用のマニュアルを用意していますので、ご活用ください。
それが難しいという方は、この面接演習で「想定される会話　例」（＝「面接演習でよくありがちな "やり取り"（例）」）、およびその

解説を掲載しますので、それを読んで理解を深めていただくことができます。

しかし、本を読んだだけではコミュニケーション能力を身につけることは難しいと思いますので、確実な能力アップを目指す方は、職場などで実際に試してみることをおすすめします。最初は上手くいかなくても、繰り返して経験を積めば確実に能力をアップすることができます。

インバスケット演習は基礎編を掲載

本書では、インバスケット演習の基礎編を掲載させていただきます。

企業や組織の"係長・リーダー層"選抜時に使用するレベルのものです。

案件数は 12 で、取り組み時間（推奨）は 100 分間です。

基礎編といいましても、初めてチャレンジされる方にとっては簡単なものではないと思います。

一方、すでに管理職・リーダーの方にとっても、マネジメントの基本事項をしっかりと再確認できる内容になっておりますので、お読みいただきたいと思います。

インバスケット演習とは

インバスケット（In basket）は**未決裁箱**の意味です。

インバスケット演習は、未決裁の案件を決裁して決裁済み箱（Out basket）に入れていくことをイメージした演習（ケース）です。具体的には、参加者がある架空の組織の管理職・リーダーになった状況設定の中で、方針設定、分析判断、意思決定、指示、依頼などのマネジメントを行うというものです。

インバスケット演習は、人材アセスメント（人の行動を多面的に観察し評価を行う一連の手法）で活用される演習の一つです。人材アセスメントの際には、グループ討議演習や面接演習、分析発表演習などの演習も併用され実施されることが多いです。

人材アセスメントの欧米での呼び名は、アセスメントセンター手法といいます。この手法は、元々軍隊やパイロットさらには諜報機関など組織の人材選抜の手法として活用されたのが発端と言われていますが、後に欧米を中心に企業における人材選抜の手法として広がってきています。勿論、日本においても、人材選抜や管理職研修などとして、多くの企業や組織で導入されています。

インバスケット演習や面接演習の体験者からは

インバスケット演習や面接演習を体験された方からは、「**何が何だか分からないうちに終わってしまった**」、「**どう対処すればよいのか全く分からなかった**」、「**主人公になりきれなかった**」、「**自分の足りないところが認識できた**」、「**自分の面接場面を初めてビデオで見てショックを受けた**」、「**こんなにひどい上司とは思っていなかった**」などの感想を聞きます。

一方、演習の振り返り学習の後には、「**マネジメントを実践的に疑似体験できたので良かった**」、「**目から鱗だった**」、「**管理職・リーダーはそこまでいろいろと考えないとダメなんですね**」、「**今後の仕事にすぐに役立てられそう**」、「**自分のダメな所を客観的に気づけたことが良かった**」、「**今後の部下対応で役立てられそう**」など前向きな反応も返ってきます。

いずれにしても、インバスケット演習や面接演習はすごい驚きやインパクトがあるようです。

本書は、このような体験をして、「**悔しかった**」、「**もっとマネジ**

メントを勉強したい」、「再チャレンジしたい」、「繰り返し体験してさらにマネジメント能力を高めたい」、「これから人材アセスメントを受験するので事前に勉強したい」などの思いをお持ちの方のためにも企画しました。

　勿論、インバスケット演習や面接演習を通じて、マネジメントを実践的に学べますので、経営者、管理職・リーダーとしてマネジメントの知識をさらに強化したい、実践的なノウハウを学びたいという方なら、どなたでもお読みいただきたいと思います。

　管理職・リーダーのマネジメントの基本や、その一環である経営・組織分析、問題解決、部下への指示の仕方、成果管理、部下とのコミュニケーションなどについて学ぶことができます。

　マネジメントやインバスケット演習、面接演習の解説は、図表などを用いてできるだけ分かりやすくさせていただきます。

　本書をお読みいただくことで、多くの方のお役に立つことができれば幸いです。

【目次】

インバスケット演習の解説ページの目次

　以下は各案件の処理の解説を掲載している章およびページ数をご案内しています。

案件番号	章	ページ
1	4	171 ～ 173
2	4	82 ～ 116
3	4	136 ～ 138
4	4	139 ～ 143
5	4	123 ～ 131
6	4	180 ～ 182
7	4	144 ～ 146
8	4	174 ～ 177
9	4	147 ～ 151
10	4	136 ～ 138
11	4	159 ～ 162
12	4	163 ～ 166

第1章

本書掲載のインバスケット演習および面接演習の概要

インバスケット演習

「フィットネス・ワン　Ｔプラーザ店サブ・マネージャー」の概要

（※なお、まず自身で各演習に取り組みたいという方は、本章を読み飛ばしていただいても構いません）

　このインバスケット演習では、あなたにフィットネスクラブを全国展開させているフィットネス・ワン株式会社の社員である水野礼（33才）になりきっていただき、Ｔプラーザ店のサブ・マネージャーとしてマネジメントをしていただきます。

　フィットネス・ワンは、1984年に設立された企業です。東京都渋谷区に本社を置き、全国210店舗でフィットネスクラブの運営を行っており、フィットネスクラブ業界では、既存大手事業者の１社です。社員数：約2,200名、売上高：約500億円、税引後当期利益：約20億円の企業です。

　水野礼は、３年前に当社に転職し、店舗でのインストラクターの経験などを積みながら、本社のマーケティング部に所属していましたが、Ｕ年９月１日（月）、"最新のフィットネス用具・サービス"の視察を目的とするアメリカ（サンディエゴ）出張の予定があり、夜の便で出発する準備をしていたところ、急きょ上司の友田マーケティング部長に呼び出されました。そこには、他の部長もいました。

　そこで、友田マーケティング部長は、次のように言いました。
「急な話で悪いが君に辞令が出た。今月からＴプラーザ店のサブ・マネージャーをやってもらいたい。Ｔプラーザ店は、業績上当社の重要施設であることは君も知っての通りだ。実は、前任のサブ・マネージャーの薄井君から医師の診断書とともに長期の休職届が出された。体調不良で休みがちだったそうだが、職場復帰には少なくと

も半年間は休養が必要なようだ。Tプラーザ店はここに来て会員数が減少傾向にあり業績が低迷している。薄井君のことは心配だが、その間、サブ・マネージャー不在という訳にはいかない。君はマーケティングに詳しいので、大いに期待している。前例にとらわれる必要はない。思い切った手立てを考えてくれたまえ。ぜひ、Tプラーザ店の業績アップに貢献してほしい」

水野礼は突然の話に驚きましたが、「分かりました。精一杯務めさせていただきます」と答えました。

さらに、友田部長は続けました。
「早速だが、これからTプラーザ店の須藤主任に、君のパソコン宛に薄井サブ・マネージャーの未処理のメールや関係資料を送らせるので、内容を確認し必要な対応をしてもらいたい。午後6時までには着信するはずだ。あいにく今日は、メンテナンス日のため、午後6時以降はTプラーザ店に社員は誰もいないので、Tプラーザ店の社員との電話やメール通信はこの時間できない。
また、今夜からのアメリカへの出張は、重要な仕事なので予定通りに行ってほしい。飛行機の出発時刻との関係で、あまり時間はとれないだろうが、薄井サブ・マネージャーのメールなどを確認し未処理の案件はできるだけ今日中に対応してほしい。これから君が発信するメールは、明日にはTプラーザ店のメンバーらが見るはずだ。大変だとは思うが頑張ってほしい」

この後あなたは、水野礼になりきって、薄井サブ・マネージャーの未処理案件を、外出するまでの100分間で処理することを決め、早速仕事に取りかかることになります。

なお、このインバスケット演習で案件を処理する際に、出張中（不在時）にするべきことがあれば、あなたの意図が正確に伝わるよう

に留意し、関係者に指示や依頼、報告・連絡（手段はメール、手紙、メモで。※電話はできません）などを行うことです。そして、仕事がこれ以上停滞しないように努めることが求められます。メールを出す際は宛先（必要があればＣＣの活用もできます）を明記することも忘れないでください。また、着任後の計画や、案件に目を通して気がついたことなどがあれば書き留めておく必要があります。あなたは出張中、スケジュールが分刻みで詰まっており、Ｔプラーザ店と連絡をとる余裕はないものとします。

　あなたは、このような前提の中で、未処理案件の処理をすることになります。
　処理にあたっては、インバスケット演習の「指示書」および「案件（12案件）」に書かれている情報を読み込み、検討したうえで、部下や周囲（上司、他部署、外部）に指示や依頼などを出してください。
（注：実際のメールのように、宛先を書き、指示文書や依頼文書で書いてください。）
　また、気がついたことがあれば、「メモ」などと書き、その下に書いておく必要があります。

未処理案件は、以下のようなものがありますが、これらの案件を100分間という時間内でできるだけ処理することが求められます。

- ✓ 未処理メールおよび関係資料の受信への対応
- ✓ 店舗マネージャーからのメールへの対応
- ✓ 新規会員獲得策の意思決定
- ✓ 施設のリノベーションの判断
- ✓ 会員からのクレームへの対応
- ✓ 学内合同企業説明会への参加手配対応
- ✓ 部下からの提案（サービス見直し）に対する対応
- ✓ 業界情報への対応
- ✓ 部下からの年次有給休暇取得申請への対応
- ✓ 競合店情報への対応
- ✓ 会員アンケート調査集計結果への対応
- ✓ 部下の指導育成報告への対応

面接演習

「ライフ信用金庫　チームリーダー」の概要

　この面接演習では、あなたにライフ信用金庫の職員になりきっていただき、世田谷支店の営業課第2チーム（部下5名）のチームリーダーとして部下面接をしていただきます。

　ライフ信用金庫は、1948年設立の信用金庫で、東京都と神奈川県を中心に80の本支店を展開させています。資金量約3兆円の大手信用金庫です。

　あなたが面接をする部下は河井知也です。河井は、入庫5年目、31歳の職員です。前職は、食品メーカーに勤めていました。前任からの情報によると、彼は、外向的な性格で、爽やかなスポーツマン的な人材である。一方、自分が気の進まないことには腰が重い部分もある。また、管理面がおざなりになることもあるとのことでした。具体的には、信用金庫の基本商品である預金や融資の契約は抜群の成績を残すが、反面、本部から店舗毎に割り当てられる各種のキャンペーン（保険、ローンカード、クレジットカードなどの販売）には協力的ではない。また、定期預金の満期のご案内や手続きなどのサービスを積極的に行わず、担当する大口のお客様からクレームが入ることも度々あるとのことでした。それから、毎週月曜日の朝までに提出が義務づけられている週間業務報告書の提出の遅れが目立つ。しかし、本人は一向に気に留めていない様子とのことでした。

　面接時間は、所用のため10分間ほどしかとれませんが、あなたは河井との話し合いで、以下の事に力点を置き、チームの結束強化とチーム力の底上げを図っていきたいと思っています。

　1．各種のキャンペーンに協力させる
　2．定期預金の満期のご案内や手続き、報告書の提出など管理面を強化させる

第2章

管理職・リーダーの マネジメント能力強化と 人材アセスメント

Ⅰ. 管理職・リーダーのマネジメント能力強化と人材アセスメントの演習活用

1. 管理職・リーダーのマネジメント能力強化

　今、企業や組織にとって、管理職・リーダーのマネジメント能力の強化は喫緊の課題だと考えられます。

　組織のマネジメントが機能していれば、良い組織になりますし、業績も安定しやすいですし、リスクヘッジもしやすくなります。

　一方、マネジメントが機能していないと、業績悪化、不祥事発生、トラブル、足の引っ張り合いなどの問題が生じやすくなります。

　マネジメントを機能させるためには、管理職・リーダーの方のマネジメント能力の実力アップが不可欠です。

　しかし、一般的な座学の研修や書籍では、効率的にマネジメントの能力アップを図ることは難しいと考えられます。

　一部の例外的な方を除いて、やはり、さまざまな実戦での経験や大失敗、修羅場をくぐるなど、一定の経験を本番で積むことでしか、マネジメント能力の実力アップは難しいと言えます。

　その実戦経験を疑似体験で積むことができるのが、本書で紹介するインバスケット演習や面接演習などのケースです。

　是非、本書の演習を活用してマネジメントの実力アップにお役立ていただきたいと思います。

2. 人材アセスメントの演習を活用してマネジメント能力の実力アップを目指す

　私は人材アセスメントの講師（人材アセスメントでは、参加者の観察評価を行う専門家・講師のことをアセッサーといいます。以下、「アセッサー」といいます。）をする機会が多いのですが、人材アセスメントは、一般的には、どうしても参加者の能力診断（試験）という側面が主軸になり、参加者の育成の側面は置き去りにされがちです。

　しかし、私たちはそれでは（時間もお金も）もったいないと考えています。私たちは、正確なアセスメント（評価）をすることに勿論最善は尽くしますが、もう一つの目的である参加者の実力アップも重視しています。受講後、参加者に実際のマネジメント場面でご活躍いただくことを目指しています。

　人材アセスメントは座学ではなく、インバスケット演習や面接演習などに取り組んでいただく体験型研修です。そのため、参加者には学習意欲やモチベーションが非常に高い状態で受講していただいております。また、相互フィードバックやビデオ観察で客観性を高めているため、納得感も高く、行動変容や実力アップに繋がりやすい研修だと言えます。

　そして、私たちも、研修効果を高める工夫を積み重ねてきています。例えば、インバスケット演習を含めた各演習（グループ討議演習や面接演習など）の振り返り学習を丁寧に行うことにより、実践的なマネジメントに対する理解をできるだけ深めていただくように努力をしています。

　しかし、人材アセスメントは通常試験として実施されますのでさまざまな制約があります。例えば、インバスケット演習などの演習

課題（紙もの）はすべて回収します。また、十分な解説資料をお渡しすることもできません。

　結果として、人材アセスメントは、能力診断はできるのですが、受講者のマネジメント能力の育成には繋がりにくい側面もあるのです。

　また、「**どうやって分析力や判断力を強化したらよいのか悩んでいます**」、「**何か良い勉強方法や教材はありませんか**」など、研修後の個人面接の際にご相談を受けることも多いのです。

　このようなこともあって、ビジネスパーソンのマネジメント能力の実力アップや、人材アセスメント後のフォローアップのために、人材アセスメントの演習を活用した書籍の出版をさせていただいております。

3．繰り返し学習の薦め

（インバスケット演習について）

　私のインバスケット演習に関わる書籍は、これで3冊目になります。

　本書のインバスケット演習は、初級の管理職・リーダーの方を対象としたものですので、他のものより難易度をやや下げ、案件数は12と少なめにしています。

　しかし、初めて取り組む方にとっては、難解かもしれません。そして、本書を1回だけ目を通して理解できる方はそういないと思います。（できる方は、相当経験値が高い方や、優秀な方だと思います。）

　したがって、おすすめは繰り返し熟読していただくことです。

　スポーツでも、上達するためには、基本動作の反復練習が重要と言われています。マネジメントのトレーニングも同様です。

（面接演習について）

　また、本書では面接演習課題も掲載し、その解説をしています。

　部下との面接（コミュニケーション）を通じた意思疎通や指導は、管理職・リーダーにとって非常に重要な仕事です。

　問題解決の施策を実施する場合など、周囲にあなたの考えやプランなどを説明し理解・納得してもらう必要があります。

　会議や朝夕礼などの場で、説明・プレゼンテーションという形でそれらを行うことがありますが、あなたが自分の方針や施策を話し、その実行を指示すれば、すべてのメンバーがあなたの思うように完ぺきに動いてくれれば良いのですが、そう簡単に人は動いてはくれません。

　やはり、最終的には面接という場面を利用して、相手に理解や納

得を求めたり、相手の言い分も受け止めたりしながら、落としどころを探っていくような取り組みをしないと、なかなか思うように人や組織を動かすことはできません。

　管理職・リーダーにとって、面接の場面を活用して、組織の方針や自身の考え方の浸透を図ることは重要な行動です。そして、面接場面におけるコミュニケーション能力のレベルアップは不可欠です。高いコミュニケーション能力を保持しているかどうかは、成果が上がる上司と、成果が上がらない上司との分かれ目のひとつになります。

　是非、本書掲載の面接演習を活用して、あなたのコミュニケーション能力の実力アップを目指してください。

4．マネジメントを効率的に学んでいただくため

　企業や組織の実際の現場は、あまりにも目まぐるしいため、マネジメントを効率的に学ぶことは難しいと思います。

　インバスケット演習や面接演習は、マネジメントを実践的に疑似体験できるように、行動心理学的な観点も踏まえて設計される非常に優れたツールですので、効果的かつ効率的に学ぶことができます。

　本書掲載の演習は、何回でも疑似体験することができますので、あなたのマネジメント能力の実力アップにお役立ていただきたいと思います。

Ⅱ. 本書の活用方法

1. インバスケット演習

活用方法1

インバスケット演習：「フィットネス・ワン　Ｔプラーザ店サブ・マネージャー」（第4章に掲載）にチャレンジしてみる。

　その場合は、付録の回答用紙を10枚程度コピー（Ａ4程度がおすすめです）してご準備ください。

　その上で時間を計ってチャレンジしてください（回答は回答用紙に記入してください）。制限時間は回答用紙への記入も含めて100分間です。

　本番の人材アセスメントと同じ体験を、自宅でも、オフィスでもお好きな場所ですることができます。ただし、途中で電話や来客などが来ない環境で実施されることをおすすめいたします。

　やり方や回答にあたっての留意事項は、「フィットネス・ワン　Ｔプラーザ店サブ・マネージャー」の"指示書"の中に記載していますので、それをお読みください。重要なことは、与えられる登場人物になりきって案件処理をすることです。

　終了後、第4章のⅢの「インバスケット演習の解説」部分を熟読して、自分の回答との違いや思考プロセスや分析などの違いを確認してみてください。また、指示や依頼の仕方なども理解していただければと思います。

　その後、再チャレンジを繰り返しても良いと思います。
　能力アップのためには、反復練習が重要です。反復練習すれば経

験値が高まります。

活用方法2

インバスケット演習にチャレンジはしないで、**本の解説を読みながら理解する。**

お時間がない方や、ざっと読んでみたいという方は、まずは第4章のインバスケット演習：「フィットネス・ワン　Tプラーザ店サブ・マネージャー」を読んだ上で、Ⅲの「インバスケット演習の解説」をお読みください。

「自分だったらこうした」、「ここは同じだ」、「まったくそんな着眼点はなかった」など、自分との違いや思考プロセスや分析などの違いを確認しながら読み進めてください。
そうするだけでも、マネジメント上の大切なポイントは吸収できると思います。

活用方法3

その他、**自由にお読み**いただいても構いません。

２．面接演習

活用方法1

面接演習：「ライフ信用金庫　チームリーダー」（第５章に
掲載）にチャレンジしてみる。

　その場合は、「面接演習課題」、および「面接演習部下役マニュアル」
は、コピーして使っていただいても構いません。

　面接演習は、どなたかに部下役（相手役）をやっていただき、練
習をしてください。
　部下役の方のために、「面接演習部下役マニュアル」を用意して
あります。部下役の方は、「面接演習課題」および「面接演習部下
役マニュアル」の両方をあらかじめ読んでいただき、上司役との面
接に臨んでください。
　その際、可能であればビデオカメラやスマートフォン等で、上司
役の様子を動画撮影して、後から動画を見ると良いと思います。
　その上で時間を計ってチャレンジしてください。
　面接準備時間および面接時間はそれぞれ 10 分間です。

　なお、取り組み方の詳細は、187 〜 189 ページに記載してありま
す。

活用方法2

　面接演習にチャレンジはしないで、**本の解説を読みながら理解す
る。**

　本書では、相手役がいない方のためにも、面接演習「ライフ信用

金庫　チームリーダー」を題材にして、人材アセスメントの面接演習の場面において、よくありがちな上司役と部下役との"やり取り"の例を紹介させていただきます。

　また、その"やり取り"（例）の解説をしていますので、そちらをお読みいただくことで、部下面接のポイントを理解していただけると思います。

　そして、あなた自身の日頃の考え方や着眼点、行動（面接や会話）と比較をしていただき、相違点や不足する部分があるかを確認してみてください。もし、不足する部分（弱点）があるのであれば、それを現時点での課題として認識していただき、今後の啓発や行動変容に繋げていただければと思います。

活用方法3

　その他、**自由にお読み**いただいても構いません。

第3章

管理職・リーダーの
マネジメントとは

Ⅰ．会社や組織が求めるマネジメントとは

1．管理職・リーダーの役割と使命

管理職・リーダーの役割と使命	人と組織を動かし組織の目標を達成させること

	人を育て、組織を作り
	人や組織を巻き込みながら
具体的には	業務を効果的・効率的に運営し
	問題解決やリスク回避を行いながら
	組織の目標を達成する

【管理職・リーダーの役割行動のイメージ】

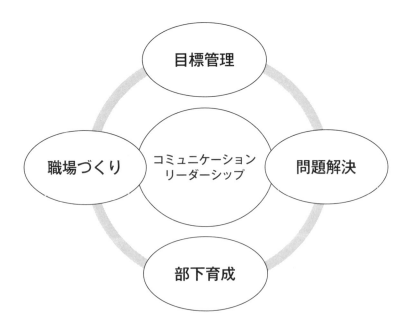

２．マネジメントの定義

　インバスケット演習や面接演習に取り組んでいただく前に、まずはその前提として必要なマネジメントの定義について触れておきたいと思います。

　管理職・リーダーがこれを理解していないと、自分が何をすればよいのかを分からないまま、業務にあたることになります。

　マネジメント（Management）とは、直訳すると「経営」、「管理」などの意味を持つ言葉ですが、アメリカの経営学者Ｐ．Ｆ．ドラッカーは、マネジメントのことを著書の中で、「マネジメントとは組織に成果を上げさせるためのものであり」と記しています。（Ｐ．Ｆ．ドラッカー、「明日を支配するもの　21世紀のマネジメント革命」ダイヤモンド社。）

　一方、私たちは、会社や組織が管理職・リーダーに求めるマネジメント（役割や使命と言ってもよいかもしれません）を以下のように定義しています。

【マネジメントの定義】

> 「マネジメントとは、組織の目標を達成するために経営資源を最も効果的・効率的に活用し人を通じて成果をあげることである」

これを分解しますと、次のようになります。

①組織の目標を達成するために	②経営資源を最も効果的・効率的に活用し	③人を通じて成果をあげる

　まず、①の「組織の目標を達成する」ことが"**目的**"になります。
　ここで大切なことは、管理職・リーダーは**常に目的（何のために）を意識**しながら行動しなければならないということです。

　次に、②の「経営資源を最も効果的・効率的に活用し」と、③の「人を通じて成果をあげる」は、目的を達成するための"**手段**"のことです。

3．経営資源とは

　経営資源とは、人、モノ、金、情報、技術などのことです。
　管理職・リーダーは、この経営資源を活用しながら、業務や仕事を進めていきます。

　さて、ここで②について質問ですが、

「なぜ、経営資源は最も効果的・効率的に活用しなければならないのでしょうか？」

（答え）

経営資源は限られているからです。

例えば、あなたの会社で、金（予算）は余っていますか？

また、人材は質・量とも十分に揃っていますか？

今どきの会社で、これらが十分あるという話は、聞いたことがありません。

どの会社でも、どの組織でも、ぎりぎりの人員や予算をやり繰りしながら、組織運営をしているのです。

このように、**経営資源は限られています（＝有限）**。

これが経営資源の**特徴**です。

そのため、組織の管理職・リーダーは、経営資源を最も効果的・効率的に活用しなければならないのです。

4．人を通じて成果をあげる

次に、③の「人を通じて成果をあげる」に触れておきたいと思います。

管理職・リーダーは、人（部下、後輩。時には上司や他部署）を通じて成果をあげることが求められます。

最近では、どの組織でも最小限の人員で業務を回していることが多く、管理職・リーダーはプレイング・マネージャー（＝忙しい）であることがほとんどだと思います。

また、管理職・リーダーになられる方は、業務成績が良く、知識や経験などが豊富で、優秀だからこそ選ばれています。そのため自

分で動いた方が早いし、成果も出しやすいと考えがちです。

　このような状況や事情があり、部下や後輩を活用したり、育てたりしながら成果をあげていくということが実行できていないケースが多く見られます。

　しかし、組織は多くの人材が集まって仕事をする場所です。

　多様な能力や経験を持つ人材が集まり、役割分担をしたり、専門分野を任せたりしながら、協力して仕事をする方が、より効果的に最大限の成果を出すことができると考えられているので、組織が作られています。そして、それを実現するために管理職・リーダーという役割が必要なのです。

　そうであれば、管理職・リーダーは、自らが動いて成果を出すことだけではなく、少し遠回りでも組織や部下を活用して成果を出すことを目指さなければなりません。

　また、部下や後輩の育成がおざなりになっていることも多いと聞きます。

　しかし、組織の将来の発展や成長を考えると、やはり部下や後輩を育成したうえで、彼らを通じて成果を獲得していくということが重要なのです。

　そのような取り組みは、最初は手間や時間がかかりますが、部下や後輩が成長すれば、管理職・リーダーであるあなたは、もっと高度な業務や重要な仕事をする時間を確保することができ、結果としてより高い成果をあげることができるはずです。

管理職・リーダーは、このマネジメントの定義を踏まえて、以下のことを常に意識して行動する必要があります。

　①組織の目標を達成することが目的
　②経営資源（人、モノ、金、情報、技術、時間など）を最も効果的・効率的に活用する
　③自分で動くだけではなく、人を通じて成果をあげる

　これらのことを踏まえて、日ごろのマネジメントやインバスケット演習、面接演習などに臨むことが大切です。

第4章

思考的側面が問われる
インバスケット演習

Ⅰ．インバスケット演習の構成とあなたがやるべきこと

40 ページ以降にインバスケット演習：「フィットネス・ワン　Ｔプラーザ店　サブ・マネージャー」を掲載しています。

また、末章に付録として、インバスケット演習の「回答用紙」を掲載しています。

1．インバスケット演習の構成

まずは、「インバスケット演習」の構成です。

40 ページ以降のインバスケット演習は、「指示書」部分（※私たちは通常そのように呼びます。本書では以下、「指示書」といいます。）と「案件（12 案件）」部分（※本書では以下、「案件○○」といいます。）で構成されています。

指示書には、冒頭に「フィットネス・ワン　Ｔプラーザ店　サブ・マネージャー」というテーマが、そのすぐ下に会社の状況とあなたの役割という記載があり、続いてこの演習の中で、あなたが演じるべき人物の名前（水野礼）、会社の概要やおかれた状況、あなたに与えられる役割や使命などが書いてあります。また、この演習のやり方やルール、案件処理をするうえで必要な参考情報が書いてあります。

その後、案件があります。案件は、案件 1 ～案件 12 まで 12 の未処理案件があります。

この未処理案件を処理することをあなたは求められます。

指示書　　　　　　　　　　案件（1 ～ 12）

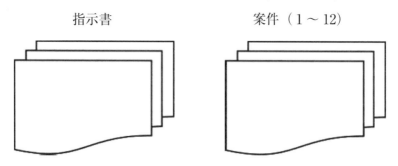

2．あなたがやるべきこと

　あなたがやるべき案件処理の仕方はこのインバスケット演習の指示書に以下のように記載されていますが、水野礼サブ・マネージャー（以下、本文では「水野ＳＭ」といいます。）になりきって案件処理に臨むことが必要です。

【案件処理の仕方】

　このインバスケット演習で重要な点は、案件を処理する際に、出張中（不在時）にするべきことがあれば、<u>あなたの意図が正確に伝わるように留意し、関係者に指示や依頼、報告・連絡（手段はメール、手紙、メモで。※電話はできません）などを行うこと</u>です。そして、<u>仕事がこれ以上停滞しないように努めること</u>が求められます。メールを出す際は宛先（必要があればＣＣの活用もできます）を明記することも忘れないでください。また、着任後の計画や、案件に目を通して気がついたことなどがあれば書き留めておく必要があります。あなたは出張中、スケジュールが分刻みで詰まっており、Ｔプラーザ店と連絡をとる余裕はないものとします。なお、文章は所定の回答用紙に記入してください。

- それでは、40 ページ以降のインバスケット演習にチャレンジしてください
- 付録の回答用紙を 10 枚程度コピー（Ａ４程度がおすすめです）してご準備ください
- その上で時間を計ってチャレンジしてください。制限時間は回答用紙への記入も含めて 100 分間です
- 回答は回答用紙に記入してください
- 書き方は、実際のメールのように、宛先を書き、指示文書や依頼文書などで書いてください
- また、気がついたことがあれば、「メモ」などと書き、その下に書いておく必要があります

Ⅱ. インバスケット演習課題

「フィットネス・ワン　Tプラーザ店 サブ・マネージャー」

指示書

フィットネス・ワン　Tプラーザ店サブ・マネージャー

会社の状況とあなたの役割

　あなたは、フィットネス・ワン株式会社の社員である水野礼（33才）です。大学時代にはテニス部に所属して競技にも出場した経験があります。卒業後は、スポーツ用具メーカーに入社し、営業やマーケティングなどの経験を積んだ後、3年前に当社に転職しました。当社では店舗でのインストラクターの経験などを積みながら、現在、本社のマーケティング部に所属しています。

　フィットネス・ワンは、1984年に設立されました。フィットネスクラブ市場の成長とともに、フィットネス・ワンは業容を順調に拡大することができました。

　U年9月1日（月）、あなたは"最新のフィットネス用具・サービス"の視察を目的とするアメリカ（サンディエゴ）出張の予定があり、今夜の便で出発する準備をしていたところ、急きょ上司の友田マーケティング部長に呼び出されました。そこには、永嶋人事部長も同席しており、その場でTプラーザ店サブ・マネージャーとして赴任することが命じられました。以下は、マーケティング部長とあなたとのやり取りです。

「急な話で悪いが君に辞令が出た。今月からTプラーザ店のサブ・マネージャーをやってもらいたい。Tプラーザ店は、業績上当社の重要施設であることは君も知っての通りだ。実は、前任のサブ・マネージャーの薄井君から医師の診断書とともに長期の休職届が出された。体調不良で休みがちだったそうだが、職場復帰には少なくとも半年間は休養が必要なようだ。Tプラーザ店はここに来て会員数が減少傾向にあり業績が低迷している。薄井君のことは心配だが、

その間、サブ・マネージャー不在という訳にはいかない。君はマーケティングに詳しいので、大いに期待している。前例にとらわれる必要はない。思い切った手立てを考えてくれたまえ。ぜひ、Ｔプラーザ店の業績アップに貢献してほしい」

　あなたは突然の話に驚きましたが、「分かりました。精一杯務めさせていただきます」と答えました。

　さらに、友田部長は、「早速だが、これからＴプラーザ店の須藤主任に、君のパソコン宛に薄井サブ・マネージャーの未処理のメールや関係資料を送らせるので、内容を確認し必要な対応をしてもらいたい。午後６時までには着信するはずだ。あいにく今日は、メンテナンス日のため、午後６時以降はＴプラーザ店に社員は誰もいないので、Ｔプラーザ店の社員との電話やメール通信はこの時間できない。
　また、今夜からのアメリカへの出張は、重要な仕事なので予定通りに行ってほしい。飛行機の出発時刻との関係で、あまり時間はとれないだろうが、薄井サブ・マネージャーのメールなどを確認し未処理の案件はできるだけ今日中に対応してほしい。これから君が発信するメールは、明日にはＴプラーザ店のメンバーらが見るはずだ。大変だとは思うが頑張ってほしい」と言いました。
・・・
　さて、今はＵ年９月１日（月）午後６時です。あなたは水野礼です。これから前任者の薄井サブ・マネージャーのメールなどを確認しようとしています。また、あなたはこの後、アメリカへ向かいますので、飛行機の時間に間に合うように出発しなくてはなりません。アメリカへの出張は１週間です。９月８日（月）の朝出勤するまで、Ｔプラーザ店の社員との連絡は、この後一切とることはできません。
　あなたは薄井サブ・マネージャーの未処理案件を、外出するまでの100分間で処理することを決め、早速仕事に取りかかります。

【案件処理の仕方】

　このインバスケット演習で重要な点は、案件を処理する際に、出張中（不在時）にするべきことがあれば、あなたの意図が正確に伝わるように留意し、関係者に指示や依頼、報告・連絡（手段はメール、手紙、メモで。※電話はできません）などを行うことです。そして、仕事がこれ以上停滞しないように努めることが求められます。メールを出す際は宛先（必要があればＣＣの活用もできます）を明記することも忘れないでください。また、着任後の計画や、案件に目を通して気がついたことなどがあれば書き留めておく必要があります。あなたは出張中、スケジュールが分刻みで詰まっており、Ｔプラーザ店と連絡をとる余裕はないものとします。なお、文章は所定の回答用紙に記入してください。

【フィットネス・ワン株式会社の概要】
- フィットネス・ワン株式会社の経営理念
  常にホスピタリティ精神と真摯な姿勢をもって行動し、
  会員様の健康で快適な日々の生活をサポートします。
- 創業・設立：1984 年
- 資　本　金：20 億円
- 直近の業績：売上高 約 500 億円、税引後当期利益 約 20 億円
- 本社所在地：東京都渋谷区
- 拠　点　数：全国 210 店舗　（直営 160 店舗 受託 50 店舗）
- 社　員　数：約 2,200 名（パート、アルバイトを含む）
- フィットネスクラブ業界では、既存大手事業者の 1 社である

【フィットネスクラブ市場の特徴と今後の動向】

　日本におけるフィットネスクラブの歴史は、1965年に民間のスイミングクラブが登場したのが始まりで、以降70年代にはジョギング、ダンス、テニスが社会的ブームとなり、各スポーツクラブがぞくぞくと出店し始めた。さらに、80年代にはエアロビクス、スイミングスクールがブームとなり、プール付きの大型クラブが増加した。80年代後半は成長期と呼ばれ、都心だけでなく郊外にも大型クラブが拡大していった。90年代以降もフィットネスクラブの増加は続いたが、2000年代に入り一旦は業界の成長は鈍化した。

　その後、健康志向の高まりやオリンピックムードなどでフィットネスブームが再燃し再び成長が始まっている。一方、競争環境も激しくなり、新規参入の小規模フランチャイズチェーンが急成長している。また、外資企業も独自の店舗運営ノウハウを使い低価格で市場に参入してきている。そして、これらは脅威となっており、既存大手事業者はリノベーションや新しい業態やサービスの拡充に取り組んで対抗している。

　一方、最近は解約をめぐるトラブルや、望まない高額なサプリメントの強引な販売が問題視されるケースも目立つ。また、慢性的な人材（特にインストラクター）不足が共通の課題と言われている。

【フィットネスクラブ　市場規模(売上高)の推移】　　（単位：億円）

	Q年度	R年度	S年度	T年度	U年度
売上高	4,390	4,480	4,600	4,800	4,900

【フィットネスクラブ　施設数の推移】　　　　　　　（単位：軒）

	Q年度	R年度	S年度	T年度	U年度
施設数	4,660	4,900	5,300	5,650	6,000

【就業規則　抜粋】

第○○条（年次有給休暇）

1. 会社は、6ヵ月間継続勤務し、所定労働日の8割以上出勤した社員に対しては、次の表のとおり勤続年数に応じた日数の年次有給休暇を与える。

　　　　・・・中略・・・

3. 社員が年次有給休暇を取得するときは、原則として1週間前までに所定の手続により会社に届け出なければならない。

4. 社員が連続4日以上（所定休日も含めて4日以上）の年次有給休暇を取得するときは、原則として1ヵ月前までに所定の手続により会社に届け出なければならない。

5. 年次有給休暇は本人の請求があった時季に与えるものとする。ただし業務の都合によりやむを得ない場合には、他の時季に変更することがある。

　　　　・・・後略・・・

インバスケット演習課題

「フィットネス・ワン　Tプラーザ店　サブ・マネージャー」

案件1～12

宛先：水野礼
ＣＣ：向井大輔
発信：須藤麻衣
日付：Ｕ年９月１日
件名：未処理メールおよび関係資料の送信の件

水野サブ・マネージャー
お疲れ様です。Ｔプラーザ店の須藤です。
先ほど、友田マーケティング部長より、異動の話を聞きました。
今後は、どうぞよろしくお願いいたします。
さて、先ほど部長より指示をいただき、薄井サブ・マネージャーの未処理と思われるメールと関係資料を送らせていただきます。また、お仕事の参考になればと思い、最小限必要と思われる資料も添付させていただきます。お役に立てば幸いです。
今日は、あいにくメンテナンス日のため、Ｔプラーザ店には社員は誰もいなくなります。明日は早めに出社しますので、何か指示がございましたら何なりとお申しつけください。
一週間アメリカへのご出張と伺っております。健康にはくれぐれもご留意ください。ご着任をお待ちしています。

追伸
あと、先ほど伊藤登志子様からお電話がありました。サブ・マネージャーが交代して、水野サブ・マネージャーが着任するのが１週間後になる旨をお伝えしました。私には具体的な事はおっしゃいませんでしたが、お急ぎの様子でした。

【Tプラーザ店の概要】

- 1989年に出店し、当社の中でも歴史がある店舗である
- 横浜市郊外の私鉄駅（Tプラーザ駅）から徒歩3分に立地
- 駅前には、大きなバスターミナルがあり学生や旅行者の利用が多い。また、大型の商業施設があり買い物客で賑わっている
- 近隣には高級住宅街があり会社役員、元プロスポーツ選手、芸能人をはじめとする富裕層が多く居住している。一方、高齢化も進展している
- 施設は、プール、スタジオ（2部屋）、マシンジム、フリーウェイト、インドアゴルフ練習場、テニスコート、風呂、ジャグジー、サウナなどがある
- 近隣には、競合店がひしめき、会員を奪い合っている
- 横浜市は、フィットネスクラブへの支出金額（2人以上の世帯、市町村別）で全国1位

【Tプラーザ店の業績等の推移】 （単位：人、百万円）

	Q年3月期	R年3月期	S年3月期	T年3月期	U年3月期
会員数（平均）	2,920	2,870	2,850	2,810	2,710
売上高	305	300	297	290	280
経常利益	18	16	16	15	14

【営業時間】

平日　：9時〜22時

土曜日：10時〜21時、　日曜日・祭日：10時〜20時

※毎週水曜日は休館日（所定休日）

【料金表】

コース	月額料金（定額）	
フィットネス	4,000 〜 15,000 円	回数等頻度、および指導内容等に応じて料金設定
ゴルフ	4,000 〜 22,000 円	
テニス	4,000 〜 16,000 円	

※1　入会時には、入会金および事務手数料として5,000円

※2　個別指導などオプションを希望する場合は、別途料金必要

（フィットネス・コース）

　プール、スタジオ（2部屋）、マシンジム、フリーウェイトの施設やマシン等を利用できる。また、さまざまなプログラム（例：ダンス、エアロビクス、ヨガなど）に参加できる。

（※ただし、女性限定プログラムもある）

（ゴルフ・コース）

　インドアゴルフ練習場で、プロのレッスンを受けながら、打撃練習をすることができる。スイング診断機やシミュレーションゴルフなども設備されている。

（テニス・コース）

　インストラクターの指導を受けながら、クラス毎に練習をする。

　※いずれのコースの会員も風呂、ジャグジー、サウナは使用可能。

【Tプラーザ店　組織図】

```
┌─────────────────────────┐
│      店舗マネージャー       │
│   （兼エリアマネージャー）   │
│        向井大輔           │
└─────────────────────────┘
          │
┌─────────────────────────┐
│     サブ・マネージャー      │
│        薄井和馬           │
└─────────────────────────┘
```

店舗管理・フロントスタッフ	ジム・施設スタッフ
主任　　須藤　麻衣（32歳）	スイミング
内藤　有子（30歳）	**主任**　　市原　大樹（34歳）
金沢　亜斗夢（22歳）	（※）大東　來未（20歳）
（※）杉田　洋子（42歳）	（※）石橋　拓也（22歳）
（※）水上　裕子（46歳）	フィットネス
（※）佐藤　真奈美（51歳）	近藤　真優（23歳）
（※）加藤　知子（55歳）	（※）田口　賢人（21歳）
	（※）山崎　鳴海（22歳）
	テニス
	有馬　知子（33歳）
	（※）桑原　大斗（21歳）
	ゴルフ
	★外部のコーチに委託

社員数　　正社員：8名　パートタイマー・アルバイト：9名
　　　　（※）は、パートタイマー、学生アルバイト

［役職者・スタッフの役割等］

【店舗マネージャー】
➤ 売上・予算の管理
➤ 店舗の運営管理
➤ スタッフマネジメント（シフト作成、勤怠管理、スタッフ教育、指導など）
➤ イベント企画運営（施設外で行うイベントを含む）など

【サブ・マネージャー】
➤ 上記の店舗マネージャーの業務補佐（★代行の場合も有る）
➤ インストラクター業務（チーフ・インストラクター）

【店舗管理・フロントスタッフ】
➤ パートタイマー、アルバイトのシフト作成
➤ ポスティング用チラシの作成と配布
➤ 会員データ管理
➤ 新規会員獲得に向けた企画立案・運営
➤ 各時期に合わせた企画立案と実行
➤ 各施設のプログラム・タイムスケジュール作成
➤ 日中の接客業務
➤ 食事・飲料などの物販
➤ 入会時の説明および諸手続き
➤ 退会者の抑制
➤ クレーム処理
➤ 各施設の清掃等

【ジム・施設スタッフ】
➤ 入会促進および受付
➤ カウンセリング（目標設定）
➤ トレーニングメニューの作成
➤ トレーニング、技術指導
➤ 食事のアドバイスおよびサプリメント等販売
➤ マシンの使い方の簡単な説明や案内等

U年　9月　Tプラーザ店予定表

日	月	火	水	木	金	土
	1 施設メンテナンス日 18:00～	2	3 休館日	4	5 役職者会議 14:00～	6
7	8	9	10 休館日	11	12	13
14	15	16 エリア会議 13:00～	17 休館日	18	19 MTG 8:00～	20
21	22 ■●	23 ■●	24 休館日	25	26	27
28	29	30				

※エリア会議は、エリアマネージャーが主催する会議で、店舗マネージャーおよびサブ・マネージャーが参加者

※役職者会議は、Tプラーザ店の店舗マネージャー、サブ・マネージャー、王仕が参加者

※MTGは、Tプラーザ店の正社員が参加するミーティング

案件2-A

宛先：水野礼
発信：向井大輔
日付：U年9月1日
件名：Tプラーザ店の業績改善に向けて意見を聞かせてほしい

水野サブ・マネージャー

お疲れ様です。Tプラーザ店店舗マネージャーの向井です。

異動の件は、永嶋人事部長から連絡を受けました。今後は、よろしくお願いします。

私はTプラーザ店を含む4店舗のエリアマネージャーを兼任しているため、Tプラーザ店のマネジメントに専念できない。したがって、当店の店舗運営については君に任せる部分が多いと思うので、そのつもりでやってくれ。

さて、早速だが当店の業績はここ数年下降気味だ。君はマーケティングにも詳しいと聞いているので、業績改善に向けての活躍を大いに期待している。そこで、私が受け持つ担当エリアの他店舗の業績等の資料を送るので、それらも参考にして、当店の業績改善に向けての今後の方向性、方針、目標などを考えて意見を聞かせてほしい。アメリカ出発前の忙しい時間だと思うが、よろしく頼む。

以上

■ 参考資料 - 1

【M小杉店の業績等の推移】　　　　　　　　　　　　（単位：人、百万円）

	Q年3月期	R年3月期	S年3月期	T年3月期	U年3月期
会員数 （平均)	2,100	2,250	2,400	2,500	2,600
売上高	222	236	255	267	279
経常利益	16	16	18	19	21

【S横浜店の業績等の推移】　　　　　　　　　　　　（単位：人、百万円）

	Q年3月期	R年3月期	S年3月期	T年3月期	U年3月期
会員数 （平均)	1,800	1,850	1,770	1,780	1,700
売上高	175	176	165	160	149
経常利益	10	10	9	8	8

【センターK店の業績等の推移】　　　　　　　　　　（単位：人、百万円）

	Q年3月期	R年3月期	S年3月期	T年3月期	U年3月期
会員数 （平均)	2,200	2,250	2,300	2,350	2,400
売上高	216	224	229	233	238
経常利益	13	14	14	14	15

【各店の概要と利用可能な施設等】

	M小杉	S横浜	センターK
開業年	2005 年	2000 年	2004 年
リノベーション	数年前に一部実施		数年前に一部実施
施設			
プール	○		○
スタジオ	○	○	○
マシンジム	○	○	○
フリーウェイト	○	○	○
インドアゴルフ練習場	○	○	
テニスコート	○		
風呂	○	○	○
風呂（炭酸泉）	○		○
ジャグジー	○	○	○
サウナ	○	○	○
水素水サーバー	○		○
24 時間対応	○	○	
子ども向けスクール	○		○

宛先：薄井和馬
発信：須藤麻衣
日付：Ｕ年8月25日
件名：新聞折り込みチラシの件

薄井サブ・マネージャー
お疲れ様です。須藤です。
9月13日の新聞折り込みチラシの件で相談です。フロントスタッフで、新規会員獲得に向けたアイディアを検討してきました。今回は、10月の新規入会特典として、①入会時の費用免除、②オプション利用券（1万円分）を打ち出したいと思います。
これまでの①だけでは、激戦区の当店エリアでは競合店舗と比較してインパクトが弱く、効果が限られると判断したためです。
テストの意味でも、ぜひ実施したいと思います。ご承認をお願いいたします。
なお、9月3日までに印刷の手配が必要になります。

宛先：薄井和馬
発信：市原大樹
日付：U年8月19日
件名：リノベーションの件

薄井サブ・マネージャー
お疲れ様です。

当店は開業してすでに30年以上の年月が経ち、施設の老朽化が各所で進んでいます。また、今流行の24時間営業などもセキュリティの関係上対応することができません。一方、新規開業店やリノベーションを行った周囲の競合店では、新規会員の獲得に成功していると聞きます。

当店の昔からの会員さんは、これまでの付き合いでなんとか当店に継続して来てくれていますが、徐々に高齢化が進み退会も目立ち始めています。

特にプール、スタジオは早急にリノベーションを行う必要があると思います。また、マシンも最新機種でグレードが高いモノへの切り替えが必要だと考えます。

以前から、私は業績を上げるためにも当該施設のリノベーションを折に触れ強く訴えてきました。しかし、いつまで経っても先に進まないので、思い切って当社の提案制度を活用して本社に直接訴えかけようと思います。9月初旬には提出したいと思いますが、サブ・マネージャーはどのようにお考えでしょうか。

市原大樹

宛先：薄井和馬
発信：向井大輔
日付：U年8月25日
件名：会員からのクレームだ

薄井サブ・マネージャー
以下のクレームが店舗マネージャー目安箱に投函された。
至急、対応を頼む。

店舗マネージャー様
前略
いつもお世話になります。
私は、当クラブ20年来の会員です。
これまで水泳やヨガなどに楽しく取り組ませていただき感謝しています。
友人も何人も紹介してきました。しかし、最近は、少し気になる点があります。それはフィットネス・インストラクターの近藤さんから健康食品や飲料などのサプリメントをやや強引に買うようにすすめられることです。複数の友人も困っているふうに思えます。これからも気持ちよく通わせていただきたいので、なんとか改善をお願いいたします。

草々

U年8月22日

伊藤登志子

案内書面

地域事業者御中

U年8月1日

学内合同企業説明会開催の件

拝啓　地域事業者の皆様方には格別のご高配を賜り、厚く御礼申し上げます。

　さて、本学では学生のインターシップも兼ねた仕事体験（アルバイトも含む）を推奨していますが、標記の合同企業説明会を下記のとおり開催したいと存じます。地域事業者様限定で本学学生とマッチングさせていただきます。是非ご参加頂ければ幸甚です。

　なお、準備の都合があり、参加ご希望の場合は、来る9月5日までに参加人数のご連絡をお願いいたします。

敬　具

H体育大学　学生支援センター

記

1. 日　　時　　U年9月16日（火）　10〜15時
2. 場　　所　　H体育大学　横浜北校舎　第1講堂
3. 対　　象　　地元企業・事業者様
4. 参 加 費　　無料

以上

宛先：薄井和馬
ＣＣ：市原大樹
発信：近藤真優
日付：Ｕ年８月19日
件名：サービス見直しの提案

薄井サブ・マネージャー
お疲れ様です。近藤です。
日頃、客単価アップに向けて、いろいろと努力をしていますが、なかなか思うように成果に繋がりません。
やはり抜本策としてＵＸ（※）の向上を目指すべきだと思います。そのためには、当店のサービスの見直しが必要ではないかと思います。
具体的には、パーソナル・トレーニングメニュー、トレーニングと食事マネジメントをセットにした効果的なダイエットコース、最新のアメリカ式のダイエット＆トレーニングなどのオプションメニューの充実です。そうすれば客単価のアップが狙えます。また、24時間営業も今の時代必須ではないかと思います。
ご検討をお願いいたします。

（※）ＵＸとは
　User Experience の略。商品やサービスを通して利用者が得られる体験を意味します。サービスにかかわるあらゆる場面を通してお客様を満足させる、感動させる体験（エクスペリエンス）を提供することを価値とします。例えば、ストレスがない、やりたかったことが簡単に実現できた、楽しいといった感動を覚えるという感性的な「満足感」や「感動」をサービスの提供価値として評価します。

宛先：薄井和馬
発信：向井大輔
日付：U年8月19日
件名：競合他社の情報

薄井サブ・マネージャー
お疲れ様です。以下の資料が本社マーケティング部から送られてき
た。参考にしてくれ。

【フィットネスクラブ上位企業　売上高推移】　（単位：百万円）

会社名	S年3月期	T年3月期	U年3月期
A社	68,000	66,000	64,000
B社	52,000	53,000	54,000
C社	46,000	46,000	47,000
D社	37,000	37,000	38,000

（U年3月現在）

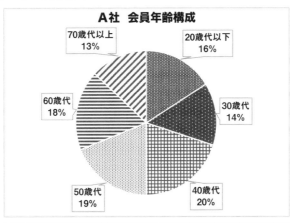

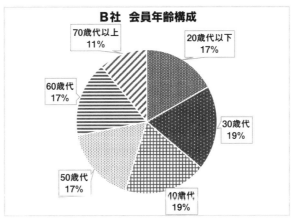

※本資料に関する問い合わせ等は、本社マーケティング部（佐藤）までお願いいたします。

宛先：薄井和馬
発信：市原大樹
日付：U年8月26日
件名：有給休暇の件

薄井サブ・マネージャー
お疲れ様です。
有馬さんから有給休暇の申請が出ました。テニスは、慢性的な人員
（インストラクター）不足で、アルバイトの桑原君の状況によっては、
休校にせざるを得ませんが、どうしましょうか。

市原大樹

休　暇　申　請　書

申請者	有馬　知子　　　㊞		申請日	U年8月21日
種別	①年次有給休暇 (2)特別有給休暇		(3)無休休暇 (4)その他	
期間	U年9月15日～U年9月19日			
理由	旅行のため			
所属長	氏名　　　　　　㊞		承認	年　　　月　　　日

宛先：薄井和馬
ＣＣ：須藤麻衣
発信：杉田洋子
日付：Ｕ年８月25日
件名：競合店のチラシを持ってきました

薄井サブ・マネージャー
お疲れ様です。パートの杉田です。
私は、地元から通っていますが、最近よく自宅のポストに複数の
フィットネスクラブのチラシが入るようになりました。

内容的には、以下のようなことをアピールしています。

- 秋のスタート会員募集！　10月分会費990円で断然お得！
- 子育て、家事、仕事　毎日を頑張っているアナタを応援！キャンペーン。お得にはじめるチャンス。10月分の会費　50% OFF
- フィットネスクラブをどこにしようか迷っていませんか？今、ジムに行く人は増えています！500円（税込み）フィットネス体験
- 10月度キャンペーン実施。先着50名様限定！
  事務手数料：0円、カード発行料：0円、水素水2ヵ月分：0円
- 24時間いつでも使えて、月額5,000円。　ＡＩ活用でこの料金を実現！最新のセキュリティ・システムにより安心・安全も確保

また、子育て世代のママ友会話では、やはりフィットネスもなるべくリーズナブルなモノに関心があるようです。
ご参考になればと思います。

宛先：薄井和馬
ＣＣ：向井大輔
発信：須藤麻衣
日付：Ｕ年8月26日
件名：会員アンケート集計結果

薄井サブ・マネージャー
お疲れ様です。須藤です。
8月に実施しました当店会員アンケート調査の結果が出ましたので、取り急ぎ添付させていただきます。

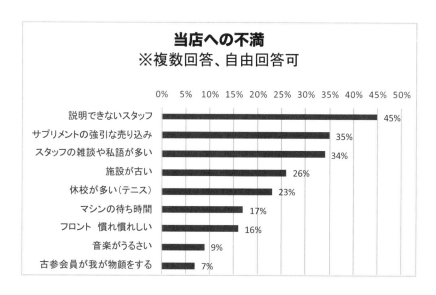

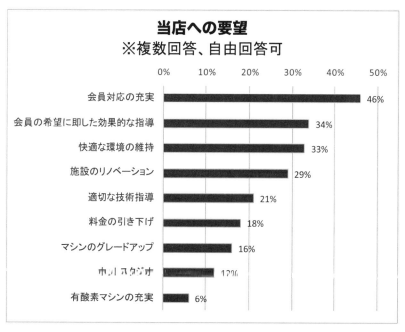

宛先：薄井和馬
ＣＣ：向井大輔
発信：市原大樹
日付：Ｕ年８月 22 日
件名：指導育成報告（近藤真優）

薄井サブ・マネージャー
お疲れ様です。今年４月に入社しました近藤真優の指導育成報告を
以下の通りさせていただきます。彼女は体育大学で、スポーツコー
チングを専攻しただけあって、優秀なインストラクターだと思いま
す。問題なく成長していると思います。

近藤に対する所見は、以下の通りです。

項目	評点	コメント
業務知識	4	当店のフィットネス・プログラムに関する知識はほぼ修得できた、と判断いたします。
指導力	4	一人一人の状況に合わせた適切な指導ができていると思います。
接客関係	3	丁寧な言葉遣いという点ではやや物足りませんが、十分に及第点を与える事ができると思います。
勤務態度	4	勤怠は問題ありません。物販にも熱心に取り組んでいます。また改善提案なども前向きに行っています。

※評点は５点法、３点が水準点で、それを上回ると高評価。

以上　報告を終わりますが、何かご意見がありましたら、指示・コ
メントをお願いします。

市原大樹

インバスケット演習の解説

Ⅲ. インバスケット演習の解説

インバスケット演習に取り組んでいただき、大変お疲れ様でした。

ここからは、取り組んでいただきましたインバスケット演習「フィットネス・ワン　Ｔプラーザ店サブ・マネージャー」の解説をしていきたいと思います。併せて実践的なマネジメントのポイントにも触れていきます。

1. 演習を振り返って

まずは、演習を振り返ってみてください。

Q1　インバスケット演習課題を読み込む順序はどうでしたか？

- □ 最初から順に最後まで順に読んだ
- □ 「指示書」を読んだ後、「案件」を読む順序は自分なりに優先順位を付けて読んだ
- □ 「指示書」を読んだ後、演習全体をざっと見た後に、計画を立てて読んだ
- □ 最初から、バラバラに好きな順序で読んだ
- □ 案件処理をしながら、読んだ

演習全体から優先順位を考えて、計画的に読み進めることが管理職・リーダーには必要です。

なぜなら、第3章で書きましたように「時間」は経営資源だからです。そして、経営資源は有限です。したがって、時間は効果的・効率的に活用する必要があります。

自分のペースでゆっくりと読んでいたら、時間が足りなくなるか

もしれません。

この演習は 100 分間が制限時間ですが、時間を意識しながら予め優先順位付けをしながら、計画的に読み進めることが必要です。

また、演習課題を読み込む際には、ある程度、問題やポイントの目星をつけて、逆算的に読んでいくことが必要です。

例えば、「この組織の問題の原因やネックはこのあたりにありそうだ」などのように。

そうすることで、より効率的に情報をインプットしたり、情報の取捨選択をしたりすることが可能になります。

Q2　案件処理の順序はどうしましたか？

☐ 案件１から順に処理した

☐ 案件１から処理したが、途中で気がつき優先順位を付けた

☐ 自分が取り組みやすいと考えた案件から処理した

☐ 自分なりに優先順位を付けて処理した

☐ 自分なりに優先順位と重み付け（時間をかける。力を入れるなど）を行い処理した

やはり、こちらも優先順位を付けたり、重み付け（軽重判断）を行ったりしながら、順序や時間配分を考えて処理を行うべきです。

理由は、案件１から案件番号順に処理をした場合、時間切れで、後半以降にある重要な案件が手つかずのまま終わったり、後半以降の案件に出てくる情報を活用しないまま処理をしたりすることになるからです。

そうなると、このインバスケット演習で求められていること（＝なるべく良い成果を出すこと、未処理の案件はできるだけ今日中に対応すること、仕事がこれ以上停滞しないように努めること）を実行できないことになります。

　そのため、自身が重視する事柄、未処理のままだとマイナス効果が高いもの、リスクが拡大するものなどを優先的に処理するべきです。そして、手厚く処理を施すことが大切です。

　また、急ぐものと、急がないものとの区分も必要です。急ぐものとは、期日や納期があるものが代表例です。

　ちなみに、学校のテストの場合は、「自分が取り組みやすいと考えた問題から解く」が基本でしたが、学校のテストとマネジメントは違いますので、上記のような考え方で処理をしていただきたいと思います。

Q3　案件処理の件数はどうでしたか？

- □　全案件の処理をした
- □　少し未処理案件を残した
- □　半分くらい処理した
- □　2〜3案件程度処理した

　本インバスケット演習は、12の案件で100分間ですので、できれば全案件の処理は望ましいです。しかし、全案件の処理をすればよいというものではありません。現実世界のマネジメントと同様に、内容が特にない処理や、意思決定の先送りや、上司や他者への丸投げばかりでは、管理職・リーダーとして問題があると言わざるを得ません。

一方、処理件数が少なすぎる場合も管理職・リーダーとして問題です。例えば、緊急かつ重要と考えられる案件があり、その案件が未処理だった場合、業績向上の妨げになったり、リスクの拡大につながったりする可能性があります。しっかりと、優先順位付けやタイムマネジメントを行いながら業務（インバスケット演習）を進めることが管理職・リーダーとして大切なことです。

2．マネジメントにおける優先順位付けと軽重判断

　それでは管理職・リーダーが業務（インバスケット演習）を進める際に必要な優先順位付けの基本的な考え方を紹介させていただきます。

（1）優先順位を付けて業務を行う

業務の優先順位付けの例

B：緊急・不要		**A：緊急・重要**
☐ ルーチンワーク ☐ 突然の来客 ☐ 電話対応 ☐ 定例の打ち合わせや会議 ☐ 定例の報告書や提出物 ☐ 日程調整　など		☐ クレーム処理 ☐ 事故・災害対応 ☐ 納期の迫った仕事 ☐ 差し迫った問題やチャンス ☐ コンプライアンス違反
D：不急・不要		**C：不急・重要**
☐ 待ち時間 ☐ メールの削除 ☐ 不要資料のシュレッター ☐ 自己満足のための作業		☐ 方針や戦略立案 ☐ 組織風土の改善 ☐ 準備・計画 ☐ 業務や品質の改善 ☐ 人材育成

縦軸：**緊急度**　横軸：**重要度**

　上記の図は、管理職・リーダーが業務の優先順位を考える際の一般的な例です。このように重要度と緊急度のマトリックスで整理すると考えやすいと思います。

　ただし、図で例示したものは、あくまで一般的な例です。これを踏まえた上で、実際の組織の状況や管理職・リーダーであるあなたの立ち位置（役割）や方針により優先順位を付けるようにしてくだ

さい。なぜなら、それらにより、優先順位は変わってくるからです。この図を参考にしながらも、自身で考えることが必要です。答えが決まっている形式論ではないのです。

　例えば、前ページの図のＡ（緊急・重要）にあるクレームやコンプライアンス違反が発生した場合でも、リスクや影響度の大きさは、その状況ごとに違うはずです。また、クレームが２つあった場合、どちらを優先するか？内部クレームと外部クレームがあった場合、どちらを優先するか？など、状況に応じて考えなければなりません。

　また、Ｃ（不急・重要）にある方針や戦略立案は、Ａ（緊急・重要）があるのでやらなくてもよいか？

　これらは、あなたが置かれている組織の状況や、管理職・リーダーであるあなたの立ち位置、方向性や方針により、自分自身で考えて決めていく必要があります。

　管理職・リーダーが業務（インバスケット演習）を進める際には、このように、まずはあなたの立ち位置を確認し、方向性や方針を立てた上で、優先順位を付けて、"一貫"した姿勢で業務（各案件）の処理をしていくことが求められます。

　大切なことは、形式的に優先順位付けをするのではなく、方針などを立てた上で、実態を踏まえて優先順位を付けるということです。

（２）時間がない管理職・リーダーには軽重判断が必要

　あなたが業務（インバスケット演習）に取り組む際には、限られた時間の中で、できる限りの処理をしなければなりません。

　指示書には、以下の記述があります。

> 「未処理の案件はできるだけ今日中に対応してほしい」
> 「仕事がこれ以上停滞しないように努めることが求められます」

もし、重要と考えられる案件を処理しなかった場合は、業務の停滞を招いたり、リスクが拡大したりする可能性があります。結果として業績に悪影響を及ぼす場合もあります。

　管理職・リーダーは、しっかりと優先順位を付けて、かつタイムマネジメントも考慮しながら業務（インバスケット演習）に取り組むことが必要です。

　時間がない管理職・リーダーに役に立つ考え方が、"軽重判断"です。

　これは優先順位付けに、似ているのですが、業務に重み付けをして処理を行うということです。

> 例えば、
> ・ 自分で行うことと、人（部下や上司）に依頼（指示）することを切り分けて業務処理をする
> ・ 時間やエネルギーを多く費やして行うことと、時間をかけずに簡単に行うことを切り分ける

　時間がない管理職・リーダーが業務処理をする際には、このように軽重判断を行い、業務に重み付けをして切り分けていくことが有効です。そうしないと、限られた時間の中で最大限のパフォーマンスを出すことは難しくなります。組織には、自分以外にもリソース（経営資源）はあります。有効活用をしましょう。

　実際の業務においても、インバスケット演習においても、優先順位付けや軽重判断を行いながら業務にあたることが重要です。

業務（インバスケット演習）は限られた時間の中で行いますので、優先順位を付けて、重要度や緊急度が高いものを中心に取り組みます。また、あなたが考えた指示文書等を、メールやインバスケット演習の回答用紙に書く際には、"軽重判断"を行いながら対応することも大切です。つまり、自身が重要で重い（大切）と考えたことは、重厚的に対応する（結果、記述量は多くなる）。一方、そうでないものは、簡略化して対応する（結果、記述量は少なくなる）。あるいは、上司や部下などに委任する。時間がない管理職・リーダーは、このような対応をとることが必要です。

3．立ち位置と方針設定

　管理職・リーダーが業務（インバスケット演習）を進める際に必要な優先順位付けを見てきましたが、優先順位を付けるためにも必要なものが、<u>自身の立ち位置の認識や管理職・リーダーとしての方向性や方針</u>です。

　以下の図のようなイメージ・流れで、あなたの立ち位置を認識し、あなたの方向性や方針を検討してください。また、それに従い優先順位付けを行ったうえで、具体的な業務処理を行うことが必要です。

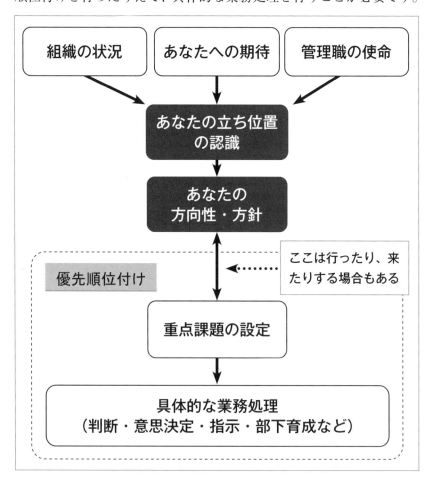

さて、そろそろインバスケット演習の内容にも触れながら、解説を進めていきたいと思います。

（1）立ち位置の確認

まずは、あなた（水野ＳＭ）の立ち位置を確認するために、指示書、案件１、および案件２の情報からポイントを抜き出して以下にまとめました。水野ＳＭの立ち位置を考えていきます。

【指示書】
◇ スポーツ用具メーカーに入社し営業やマーケティングなどの経験を積んだ。現在、<u>本社のマーケティング部に所属</u>
◇ Ｔプラーザ店は、<u>業績上当社の重要施設である</u>
◇ Ｔプラーザ店はここに来て会員数が減少傾向にあり業績が低迷
◇ 君はマーケティングに詳しいので、<u>大いに期待している</u>
◇ <u>前例にとらわれる必要はない。思い切った手立てを考えてくれ</u>
◇ ぜひ、<u>Ｔプラーザ店の業績アップに貢献してほしい</u>
◇ <u>未処理の案件はできるだけ今日中に対応してほしい</u>

【案件１】
◇ サブ・マネージャーの役割等は、<u>店舗マネージャーの業務の補佐</u>（★<u>代行の場合も有る</u>）。　チーフ・インストラクター

【案件２】
◇ <u>当店の店舗運営については君に任せる部分が多いと思うので、そのつもりでやってくれ</u>
◇ <u>当店の業績はここ数年下降気味</u>
◇ 君はマーケティングにも詳しいと聞いているので、<u>業績改善に向けての活躍を大いに期待している</u>
◇ <u>当店の業績改善に向けての今後の方向性、方針、目標などを考えて意見を聞かせてほしい</u>

前ページの情報抜粋から考えると、水野ＳＭはどのような立ち位置でしょうか？

- ➤ 水野ＳＭは、業績上当社の重要施設であるTプラーザ店のサブ・マネージャーに抜擢された
- ➤ Tプラーザ店は、ここに来て会員数が減少傾向にあり業績が低迷している
- ➤ 友田マーケティング部長（以下、「友田部長」といいます。）からは、「君はマーケティングに詳しいので、大いに期待している。前例にとらわれる必要はない。思い切った手立てを考えてくれ。ぜひ、Tプラーザ店の業績アップに貢献してほしい。未処理の案件はできるだけ今日中に対応してほしい」など言われた
- ➤ 向井店舗マネージャー（以下、「向井Ｍ」といいます。）からは、「当店の店舗運営については君に任せる部分が多いと思う。そのつもりでやってくれ。当店の業績はここ数年下降気味。君はマーケティングにも詳しいと聞いているので、業績改善に向けての活躍を大いに期待している。当店の業績改善に向けての今後の方向性、方針、目標などを考えて意見を聞かせてほしい。アメリカ出発前の忙しい時間だと思うが、よろしく頼む」などメールがあった

集約すると

【立ち位置】

- ・ 水野ＳＭは、Tプラーザ店の業績改善に向けて大いに期待されている
- ・ その実現のために、これまでの経験を生かし、前例にとらわれることなく、思い切った手立てを考えなければならない
- ・ 店舗運営については代行として任される部分が多い
- ・ 当店の業績改善に向けての今後の方向性、方針、目標などを考えなければならない

これが、あなた（水野SM）の立ち位置です。

あなたは、この立ち位置に照らして、このインバスケット演習を分析して、どのようにアクションするかを考えなければなりません。

　管理職・リーダーは、マネジメントを行う前提として、まずは自身の立ち位置を正確に認識することが必要です。もし立ち位置を取り違えている、あるいは不明確なまま業務（インバスケット演習）に臨んだ場合は、組織から期待されていることとは違う対応や、期待外れの対応になってしまう可能性があります。

　したがって、管理職・リーダーとしての“立ち位置”を正確に認識することは非常に重要です。

　そして、管理職・リーダーは、自身の“立ち位置”に照らして、どこを目指して何を重視して何を達成するのか、具体的な方向性や方針を考え、設定することが求められます。

（2）方向性や方針の検討

案件2をまずは見ていきます。

なぜ　案件2から？

なぜ、案件1から順番に解説しないの？

すでにお分かりですよね。

案件2では、「当店の業績改善に向けての今後の方向性、方針、目標などを考えて意見を聞かせてほしい」と求められています。つまり、方向性や方針を考えることになります。

まずは方針を考え、その他の案件についてはその方針に基づいて一貫した処理をするため、案件2から処理を行います。

（※注）ただし、これは本インバスケット演習の解説を分かりやすくするためにそのようにします。実際の人材アセスメント等の際の処理順序は、必ずしもそうする必要はありません。

案件2は、向井Mからのメールです。

メールには、以下の内容が記載されています。

- 自身が4店舗のエリアマネージャーを兼任しているため、Tプラーザ店の店舗運営は水野SMに任せる部分が多いと思うので、そのつもりでやってくれ
- 当店の業績はここ数年下降気味である
- 業績改善に向けての活躍を大いに期待している
- 当店の業績改善に向けての今後の方向性、方針、目標などを考えて意見を聞かせてほしい

下線部分が、あなたへの主な要望です。

あなたは、どのように処理しましたか？

☐ あまりにも重いテーマなので、未処理あるいは先送りにした

☐ 取り急ぎ、「頑張ります」などの思いや気持ちだけを書いた

☐ 適当に方向性や目標などを示した

☐ 自身の経験則を生かして、実施策を羅列した

☐ インバスケット演習の全体から分析をして、自分なりの方向性を
示した

☐ 各種の資料から数値などの情報を分析して、大まかな目標を設
定した

☐ インバスケット演習の全体から分析をして、根拠（数字も含めて）
を伴って自分なりの方向性や方針を示した

　案件2は、大きな期待をかけられたあなたの"立ち位置"に照ら
すと、何らかの行動はほしいところです。

　できれば、指示書および案件に書かれている情報全体を分析して、
根拠（数字も含めて）を伴って方向性や方針を導き出してほしいで
す。

　そして、案件2で導き出される方向性や方針は、案件3以降の処
理に影響を及ぼす場合があります。

　なぜなら、マネジメントを行う場合は、方向性や方針に基づいて
すべてに対処することが重要だからです。それが一貫性を持った対
応に繋がります。

一方、方向性や方針がない、あるいは不明確なまま、案件３以降に臨んだ場合は、一貫性を欠いた対応に繋がりかねません。

　例えば、新規会員を増やすことを最も重要な方針としながら、新規会員を増やすための販売促進策に関する部下からの提案に対して予算が心配になり消極的な判断を示すといった対応などです。

　このような一貫性を欠いた対応が目立つと、部下など周囲からの信頼性にも悪影響を及ぼす場合があります。

　また、後手後手の対応になったり、やり直しになったり、経営資源をムダに動かすことになります。

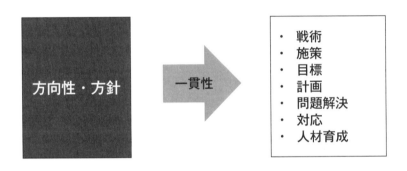

（ポイント）
管理職・リーダーは、方向性や方針に基づいて、ぶれずに一貫した対応をとることが大切

インバスケット演習の受講者から、次のような感想を聞く時があります。

「頭が真っ白になった感じで、あっという間に終わってしまいました」、「方針なんて考える余裕は全くありませんでした」、「とにかく読むのが精一杯でした」、「このインバスケット演習で、自分は何をやれば良いのか、分かりませんでした」、「クレームや納期があるものから手をつけましたが、組織の全体像までは全く考えませんでした」、「ほとんど帰国後の対処に先送りしてしまいました」

しかし、人材アセスメント等を受講されるほとんどの方は企業や組織の中で、大いに期待をかけられている方です。常日頃からご自身の組織の「方針や方向性」なども考えておいてほしいと思います。また、自身がいつでも組織を牽引していくくらいの意気込みや気概の強化を図ってほしいと思います。

では、今後のＴプラーザ店の業績改善に向けた大きな方向性、方針、目標などについて考えていきます。次ページ以降でフィットネス・ワン（株）およびＴプラーザ店の内外の経営環境分析をしていきます。

まずは、Ｔプラーザ店の全体像の確認です。

次ページには、本来"あるべき姿"と"現状"とを掲載しています。両者のギャップを明確にし、さらに水野ＳＭの立ち位置も考慮すると、今後の重要課題が浮かび上がってきます。

組織の全体像？

（あるべき姿）

- 経営理念「常にホスピタリティ精神と真摯な姿勢をもって行動し、会員様の健康で快適な日々の生活をサポートします」（指示書）
- Tプラーザ店は、業績上当社の重要施設である（指示書）
- Tプラーザ店の業績が改善された状態

　　　↑

　Tプラーザ店の業績アップに貢献してほしい（指示書）

　業績改善に向けての活躍を大いに期待している（案件2-A）

ギャップ

（現状）

- Tプラーザ店はここに来て会員数が減少傾向にあり業績が低迷している（指示書）
- 当店の業績はここ数年下降気味（案件2-A）
- 業績がアップしている店舗もある（案件2-B）
- クレームが発生している（案件5）
- アンケート調査による当店への不満の顕在化（案件11-B）

水野SMの
立ち位置

（重要課題）

①会員様の満足度のアップおよび不満解消

②会員数の減少に歯止めをかける

③結果としてTプラーザ店の業績を改善させる

水野SMの重要課題は、何でしょうか？

私なら、前ページに記載したとおり、以下の３つに絞り込みます。

①会員様の満足度のアップおよび不満解消
②会員数の減少に歯止めをかける
③結果としてＴプラーザ店の業績を改善させる

②と③は、指示書や案件を丁寧に読み込めば、書いてあることです。①は、案件５、案件 11- B、およびインバスケット演習全体から考えて設定しました。

最大の課題は、"Ｔプラーザ店の業績を改善させる" ことです。業績が悪化している要因は、指示書に書いてあった会員数が減少傾向にあることだと考えられます。
　したがって、②の "会員数の減少に歯止めをかける" を実現できれば③の実現に繋がります。
　また、②を実現するためには、①の "会員様の満足度のアップおよび不満解消" を実現することが必要になります。

　詳細は後ほど解説しますが、インバスケット演習全体から考えると、Ｔプラーザ店の業績低迷は、おそらく次ページのような因果関係になっている可能性があるものと考えられます。このようなことを踏まえて、上記のような重要課題を設定しました。

Tプラーザ店の業績低迷要因の因果関係（仮説）

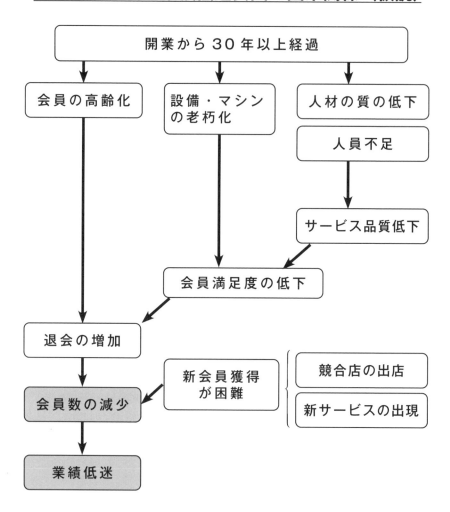

このように組織全体の状況、自分への期待などから、自分が取り組むべき重要課題を明らかにすること（外さないようにすること）が、管理職・リーダーにとって大切です。

その上で、これらの重要課題を解決するための具体的な方向性と

方針を設定する必要があります。それらが、各案件の処理を行う際の羅針盤（判断基軸）になります。

　※ここでは、組織全体の方向性や方針ではなく、管理職・リーダー（Ｔプラーザ店のサブ・マネージャー）としての自身の考えとしての方向性や方針ということになります。

　具体的な方向性と方針は、インバスケット演習全体から導き出す必要がありますので、次ページ以降で、フィットネス・ワン（株）およびＴプラーザ店の経営環境等をさらに詳しく見ていきます。

フィットネス・ワン全体

（市場環境）

【指示書】

- フィットネスクラブ市場の成長とともに、フィットネス・ワンは業容を順調に拡大することができた
- 会社全体では、売上高：約500億円、税引後当期利益：約20億円
- フィットネスクラブ業界では、既存大手事業者の1社である
- 健康志向の高まりやオリンピックムードなどでフィットネスブームが再燃し再び成長が始まり現在に至っている
- 競争環境も激しくなり、新規参入の小規模フランチャイズチェーンが急成長している。また、外資企業も独自の店舗運営ノウハウを使い低価格で市場に参入してきている
- 既存大手事業者はリノベーションや新しい業態やサービスの拡充に取り組んで対抗している
- 最近は解約をめぐるトラブルや、望まない高額なサプリメントの強引な販売が問題視されるケースも目立つ
- 慢性的な人材（特にインストラクター）不足が共通の課題と言われている
- フィットネスクラブの市場規模および施設数は、少なくとも過去5年間は増加傾向

【案件】

- 「フィットネスクラブ上位企業　売上高推移」によると、A社以外はいずれも売上高を伸ばしている（案件8）

案件２	意見を聞かせてほしい

Ｔプラーザ店

（市場環境）

【指示書】
- Ｔプラーザ店は、業績上当社の重要施設である
- Ｔプラーザ店はここに来て会員数が減少傾向にあり業績が低迷している

【案件】
- 駅前には、大きなバスターミナルがあり学生や旅行者の利用が多い。また、大型の商業施設があり買い物客で賑わっている（案件1-Ｂ）
- 近隣には高級住宅街があり会社役員、元プロスポーツ選手、芸能人をはじめとする富裕層が多く居住している。一方、高齢化も進展している（案件1-Ｂ）
- 近隣には、競合店がひしめき、会員を奪い合っている（案件1-Ｂ）
- 横浜市は、フィットネスクラブへの支出金額（市町村別）で全国1位（案件1-Ｂ）
- 当店の業績はここ数年下降気味（案件2-Ａ）
- 激戦区の当店エリアでは競合店舗と比較して・・・・（案件3）
- 新規開業店やリノベーションを行った周囲の競合店では、新規会員の獲得に成功していると聞きます（案件4）
- 最近よく自宅のポストに複数のフィットネスクラブのチラシが入るようになりました（案件10）
- 子育て世代のママ友会話では、やはりフィットネスもなるべくリーズナブルなモノに関心があるようです（案件10）

Tプラーザ店

（店舗・組織の状況）①

- 1989年に出店し、当社の中でも歴史がある店舗である
- 横浜市郊外の私鉄駅（Tプラーザ駅）から徒歩3分に立地
- 施設は、プール、スタジオ（2部屋）、マシンジム、フリーウェイト、インドアゴルフ練習場、テニスコート、風呂、ジャグジー、サウナなどがある（案件1-B）
- 社員数は、正社員：8名　パートタイマー・アルバイト：9名（案件1-D）
- 須藤主任から、<u>新規会員獲得に向けた新聞折り込みチラシ</u>の件で前向きな提案があった（案件3）
- 市原主任から、提案制度を活用して<u>Tプラーザ店のリノベーション</u>について本社に直接訴えたいと相談があった（案件4）
- 市原主任は、「<u>当店は開業してすでに30年以上の年月が経ち施設の老朽化が各所で進んでいる。また、今流行の24時間営業などもセキュリティの関係上対応することができません</u>」と言う（案件4）
- 「当店の昔からの会員さんは、これまでの付き合いでなんとか当店に継続して来てくれていますが、<u>徐々に高齢化が進み退会も目立ち始めています</u>」と言う（案件4）
- 一方、「私は業績を上げるためにも当該施設のリノベーションを折に触れ強く訴えてきました。しかし、<u>いつまで経っても先に進まない</u>」とも言う（案件4）
- 店舗マネージャー目安箱にクレームが投函された。「インストラクターの近藤さんから健康食品や飲料などのサプリメントをやや強引に買うようにすすめられる」と言う（案件5）
- 近藤から、<u>客単価のアップ</u>や<u>24時間営業</u>などの前向き提案があった（案件7）

Ｔプラーザ店

（店舗・組織の状況）②

- 有馬から年次有給休暇の申請があったが、就業規則に則ると申請時期が遅い。また、状況次第ではテニスを休校させなければならない（案件9）
- パートタイマーの杉田から、競合店のチラシ情報や、子育て世代の意見など、協力的な行動があった（案件10）
- 会員アンケート結果によると、<u>当店への不満として、①説明できないスタッフ、②サプリメントの強引な売り込み、③スタッフの雑談や私語が多い</u>が上位であった。また、当店への要望として、<u>①会員対応の充実、②会員の希望に即した効果的な指導、③快適な環境の維持</u>が上位であった（案件11-Ｂ）
- 市原主任から、近藤真優について「<u>優秀なインストラクター</u>だと思います。<u>問題なく成長している</u>と思います」との指導育成報告があった（案件12）

Ｔプラーザ店

（案件１‐Ｂ）

【Ｔプラーザ店の業績等の推移】　　　　　　　（単位：人、百万円）

	Ｑ年３月期	Ｒ年３月期	Ｓ年３月期	Ｔ年３月期	Ｕ年３月期
会員数（平均）	2,920	2,870	2,850	2,810	2,710
売上高	305	300	297	290	280
経常利益	18	16	16	15	14

どのように分析しましたか？

【Ｔプラーザ店の業績等の推移】　　（単位：人、百万円、％）

	Ｑ年３月期	Ｒ年３月期	Ｓ年３月期	Ｔ年３月期	Ｕ年３月期	
会員数（平均）	2,920	2,870	2,850	2,810	2,710	←減少傾向
売上高	305	300	297	290	280	←減少傾向
月商	25.4	25.0	24.8	24.2	23.3	←減少傾向
経常利益	18	16	16	15	14	←減少傾向
経常利益率	5.9%	5.3%	5.4%	5.2%	5.0%	←悪化傾向

【Ｔプラーザ店の客単価の推移】　　　　　　　　　（単位：円）

	Ｑ年３月期	Ｒ年３月期	Ｓ年３月期	Ｔ年３月期	Ｕ年３月期	
客単価（月）	8,704	8,711	8,684	8,600	8,610	←減少傾向
客単価（年）	104,452	104,530	104,211	103,203	103,321	←減少傾向

　90 ～ 93 ページにフィットネス・ワン (株) およびＴプラーザ店の市場環境や店舗・組織の状況に関する定性情報（※１）を抜き出

して箇条書きにしました。定性情報は、指示書や各案件からほぼそのまま抽出しました。（一部、定量情報の分析結果も記載しています。）

　次いで、前ページに案件1‐Bに記載があったＴプラーザ店の会員数や売上高などの業績推移の表と、それを分析した表を載せました。このような数字情報などを定量情報（※2）と言います。

（※1）定性情報とは、定量情報以外の情報で、数値化できない情報のことです。（文章、画像など）

（※2）定量情報とは、数値化が可能で集計や分析が可能な情報のことです。（売上高、アンケート結果など）

　このような定性情報や定量情報を組み合わせて分析することで、フィットネス・ワン(株)およびＴプラーザ店の現状を把握します。

　その上で、今後の方向性や方針を導き出します。

あなたは、Ｔプラーザ店の業績等の推移の表 （定量情報）をどう分析しましたか？

- □ Ｕ年3月期の会員数、売上高のみ確認した
- □ Ｕ年3月期の会員数、売上高、経常利益のみ確認した
- □ 時系列で会員数、売上高、経常利益の流れを見た
- □ 経常利益率を算出した
- □ 時系列で経常利益率の流れをみた
- □ 月商や客単価を算出した
- □ 客単価の流れをみた
- □ その上で、定性情報との整合性を確認した
- □ 傾向性を確認し、今後の予測につなげようとした
- □ 案件2-Bにある他店舗の業績推移の数値と比較した
- □ この情報だけでは不十分と考え、年齢ごと、男女ごと、コースごとの業績が分かる情報の提供を求めようとした

定量情報を分析する際には、以下が留意ポイントです

- ➤ 時系列で流れを見る
    - →傾向を把握できる場合があります
- ➤ 金額だけでなく、比率でも見る
    - →悪化あるいは良化の要因を把握できる場合があります
- ➤ さらに細分化した情報を見る
    - →悪化あるいは良化の要因を把握できる場合があります
    - （例：年齢ごと、男女ごと、コースごとの業績が分かる情報）

また、分析をする際には以下の切り口（軸）を、ご参考にしてください。

時間軸	要素軸
変化を知り、傾向をつかむ	分解し、要因や原因などを探す
年間、四半期、月間、旬間、週間、曜日、日、時間帯など ※季節性その他の要因	事業ごと、組織ごと、グループごと、チームごと、人ごと、分野ごと、年齢ごと、男女ごとなど

さて、本題に戻ります。94 ページの表から、Ｔプラーザ店の定量情報を分析すると、以下のようなことが分かってきます。

［定量情報の分析］
- 会員数は、減少傾向
- 売上高は、減少傾向
- 経常利益は、減少傾向
- 経常利益率は、悪化傾向
- 客単価（月）は、減少傾向。ただし、Ｕ年３月期は前年度から 10 円増加した

　上記のように、ほとんどの数値が悪化（減少）傾向にあることが分かりました。

　また、指示書には「Ｔプラーザ店はここに来て会員数が減少傾向にあり業績が低迷している」という記述があります。
「業績」というのは、一般的には売上高や利益を指す場合が多いですが、Ｔプラーザ店の場合、その両方が減少傾向にあることが分かります。そして、ここでもう一歩踏み込んで分析して確認したいのが、"会員数の減少"だけが主な要因かどうかです。
　売上高は、会員数×客単価で表すことができます。

売上高＝会員数×客単価

　Ｔプラーザ店では、ここ数年客単価も減少傾向にあることから、客単価の減少も業績の低迷の要因として考えることができます。
"会員数の減少"と"客単価の減少"それぞれが、どの程度業績に影響を与えたのかを、Ｑ年３月期とＵ年３月期の数値を使って計算してみます。
　Ｔプラーザ店の会員数、客単価（月）の推移は、次ページの表の通りです。

Ｔプラーザ店の会員数、客単価(月)の推移　　　　　　（単位：人、円）

	Q年3月期	R年3月期	S年3月期	T年3月期	U年3月期
会員数（平均）	2,920	2,870	2,850	2,810	2,710
客単価（月）	8,704	8,711	8,684	8,600	8,610

【客単価減少の影響の確認】

　Q年3月期とU年3月期の数値を使って比較します。

　仮に、U年3月期の客単価がQ年3月期と同じ8,704円だった場合の売上高は以下のようになります。

　（※会員数は、U年3月期の数値）

　売上高（月商）は、8,704円×2,710人　＝ 23,587,840円

　売上高（年商）は、23,587,840円×12ヵ月 ＝ 283,054,080円

　U年3月期の実際の売上高（年商）は、280百万円ですので、

　仮に客単価がQ年3月期と同じ8,704円だとしたら、

　売上高は、約3百万円増加することになります。

　つまり、約3百万円の悪影響をもたらしたことになります。

【会員数減少の影響の確認】

　Q年3月期とU年3月期の数値を使って比較します。

　仮に、U年3月期の会員数がQ年3月期と同じ2,920人だった場合の売上高は以下のようになります。

　（※客単価は、U年3月期の数値）

　売上高（月商）は、8,610円×2,920人　＝ 25,141,200円

　売上高（年商）は、25,141,200円×12ヵ月 ＝ 301,694,400円

　U年3月期の実際の売上高（年商）は、280百万円ですので、

　仮に会員数がQ年3月期と同じ2,920人だとしたら、

　売上高は、約21.6百万円増加することになります。

　つまり、約21.6百万円の悪影響をもたらしたことになります。

このように、Q年3月期とU年3月期の数値を使って比較した結果、指示書の記載の通り、会員数の減少が業績悪化（売上高減少）の主な要因であることが分かりました。

　　■ 客単価減少の影響は、約3百万円
　　■ 会員数減少の影響は、約21.6百万円

　この後は、なぜ、このような結果になっているのかを、90 ～ 93 ページに記載した定性情報も踏まえて、さらに分析していきます。

案件2	意見を聞かせてほしい

前ページまでの情報、あるいは他の情報から分析します

【分析】 1／4

○ 健康志向の高まりやオリンピックムードなどでフィットネスブームが再燃し再び成長が始まり現在に至っている

○ 横浜市は、フィットネスクラブへの支出金額（市町村別）で全国1位

○ 他店（M小杉店、センターK店）の業績は良い

　→フィットネスクラブの市場環境は全体的には悪くない

　→横浜市は、市場として悪くない

　→業績をアップさせている店舗もエリア内にはある

　（※ただし、これらの店舗では数年前にリノベーションを一部実施している）

　なぜ、Tプラーザ店の業績は低迷しているのか？

　Tプラーザ店の外部環境あるいは内部に問題があるのか？

○ Tプラーザ店近隣には高級住宅街があり会社役員、元プロスポーツ選手、芸能人をはじめとする富裕層が多く居住

　→これらの富裕層に対応できる施設、サービス、プライバシー環境等を提供できればチャンスはある

○ 須藤主任は、新規会員獲得に向けた新聞折り込みチラシの件で前向きな提案をした

　→会員数増加のための取り組みは実施している（十分かは不明）

○ 近藤から、客単価のアップや24時間営業などの前向きな提案があった

　→業績維持・向上に向けて社員の意識はある

※ ○はプラス材料、×はマイナス材料、△はどちらにもなる材料

案件2	意見を聞かせてほしい

前ページまでの情報、あるいは他の情報から分析します

【分析】 2/4

△ フィットネスクラブの市場規模および施設数は、少なくとも過去5年間は
増加傾向

　→フィットネスクラブの市場環境は全体的には悪くない。一方、競争の
激化も進展している

△ A社以外はいずれも売上高を伸ばしている

　→なぜ、A社の売上高は減少したのか？

　A社とB社の会員年齢構成（グラフ）を見ると、A社の方が40歳代以
上の会員の割合が高いことが分かる

　Tプラーザ店の会員の年齢構成が分かれば、比較検討ができる

△ 新規開業店やリノベーションを行った周囲の競合店では、新規会員の
獲得に成功していると聞きます

△ 市原主任から、提案制度を活用してTプラーザ店のリノベーションにつ
いて本社に直接訴えたいと相談があった

　→Tプラーザ店でもリノベーションの検討は必要

△ 子育て世代のママ友会話では、やはりフィットネスもなるべくリーズナブ
ルなモノに関心があるようです

　→このようなニーズはあるが、当店の中心ターゲットを誰にするかによっ
て方向性は分かれる

△ 会員アンケート結果によると、当店への要望として、①会員対応の充実、
②会員の希望に即した効果的な指導、③快適な環境の維持が上位で
あった

　→このようなアンケート結果から、社員の接客対応や指導にも問題が
ある可能性が高いと考えられる。何らかの対応が必要

※ 〇はプラス材料、×はマイナス材料、△はどちらにもなる材料

案件2	意見を聞かせてほしい

前ページまでの情報、あるいは他の情報から分析します

【分析】 3/4

- × 競争環境も激しくなり、新規参入の小規模フランチャイズチェーンが急成長。また、外資企業も独自の店舗運営ノウハウを使い低価格で市場に参入
- × 既存大手事業者はリノベーションや新しい業態やサービスの拡充に取り組んで対抗している
- × 当店は開業してすでに30年以上の年月が経ち施設の老朽化が各所で進んでいる。また、今流行の24時間営業などもセキュリティの関係上対応することができません
  →Tプラーザ店でも、リノベーションや新しいサービスの拡充を行わないと、競争優位性を失う可能性がある
- × Tプラーザ店近隣には、競合店がひしめき会員を奪い合っている
- × 激戦区の当店エリア
- × 最近よく自宅のポストに複数のフィットネスクラブのチラシが入る
  →結果として、当店の会員数の減少に繋がっている可能性がある
- × Tプラーザ店近隣の高齢化が進展している
- × 当店会員さんは徐々に高齢化が進み退会も目立ち始めています
  →会員数の自然減に繋がる可能性がある
  一方、高齢者向けのサービスの拡充も検討する必要がある
- × 慢性的な人材（特にインストラクター）不足が共通の課題と言われている
  →Tプラーザ店でも、休校の問題が起きている
  サービス品質の低下に繋がっている可能性がある

※ ○はプラス材料、×はマイナス材料、△はどちらにもなる材料

案件２	意見を聞かせてほしい

前ページまでの情報、あるいは他の情報から分析します

【分析】　4／4

× 市原主任は、「私は業績を上げるためにも当該施設のリノベーションを折に触れ強く訴えてきました。しかし、いつまで経っても先に進まない」とも言う

→なぜ、これまでリノベーションをしてこなかったのか？

なぜ、"いつまで経っても先に進まない"のか？市原主任に問題があるのか？それとも組織運営に問題があるのか？

理由を知りたい

× 近藤のサプリメント販売に関してクレームが発生している。他方、市原主任は、近藤の接客対応に及第点を与えている

→会員満足度の低下に繋がる

人材育成に問題がある可能性もある

× 会員アンケート結果によると、当店への不満として、①説明できないスタッフ、②サプリメントの強引な売り込み、③スタッフの雑談や私語が多いが上位であった

→このようなアンケート結果から、社員教育（専門知識、接客対応など）が不十分な可能性が高いと考えられる。結果として会員満足度の低下に繋がっている？ 何らかの対応が必要

× Tプラーザ店はここに来て会員数が減少傾向にあり業績が低迷している

× 当店の業績はここ数年下降気味

→会員数の減少 → 売上高減少 →業績低迷に繋がっているものと考えられる

※ ○はプラス材料、×はマイナス材料、△はどちらにもなる材料

101 〜 104 ページでは、Ｔプラーザ店の経営について、90 〜 93 ページに記載した定性情報と、94 ページの定量情報の分析などを踏まえて、さらに分析をしています。

　プラス材料には〇を、マイナス材料には×、どちらにもなる材料には△を付けています。

　また、仮説（※）を使いながら問題点や疑問点などを指摘しました。

　※仮説とは、仮の答え。仮に立てる説。の意味で使っています。
　例：この店舗はこうすれば業績を上げられるはずだ。この問題の原因はここにあるかもしれない。など

　例えば、次の事柄です。
〇 Ｔプラーザ店近隣には高級住宅街があり会社役員、元プロスポーツ選手、芸能人をはじめとする富裕層が多く居住
　→これらの富裕層に対応できる施設、サービス、プライバシー環境等を提供できればチャンスはある

仮設の考え方・立て方の例

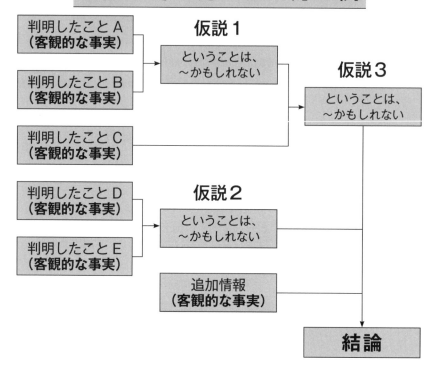

なお、仮説は必ず検証を行います

コラム

インバスケット演習では、不明な情報も多いため仮説を使うことは必要だと、私は考えています。ただし、指示書および各案件にある複数の情報をしっかりと精査したうえで、それと紐付けながら慎重に仮説の設定、およびその検証をすることが必要です。多くの事実や仮説の積み上げがあればより信頼性は高まります。一方、ただの思いつきやアイディアだけではNGです。

　さて、これらの分析内容から、会員数の減少→業績低迷に繋がった因果関係を整理すると次ページの図のようになります。

Tプラーザ店の業績低迷要因の因果関係（仮説）

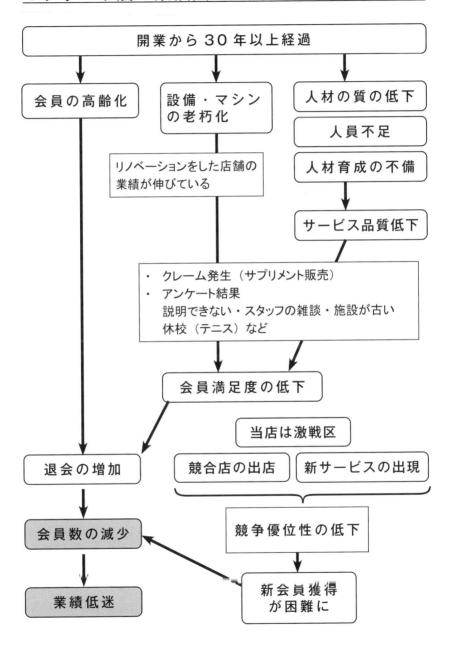

開業から３０年以上経過

会員の高齢化

設備・マシンの老朽化

人材の質の低下

人員不足

人材育成の不備

リノベーションをした店舗の業績が伸びている

サービス品質低下

・ クレーム発生（サプリメント販売）
・ アンケート結果
　説明できない・スタッフの雑談・施設が古い
　休校（テニス）など

会員満足度の低下

当店は激戦区

競合店の出店

新サービスの出現

退会の増加

競争優位性の低下

会員数の減少

新会員獲得が困難に

業績低迷

前ページの図のイメージを念頭に置きながら、101 〜 104 ページの【分析】（1 / 4 〜 4 / 4）に示した問題点や疑問点を整理し、全体像をさらに明らかにしていきます。

①フィットネスクラブの市場環境は悪くない

　各種の情報からフィットネスクラブの市場環境は全体的には悪くない。また、横浜市はフィットネスクラブへの支出金額（市町村別）で全国 1 位であり、T プラーザ店は市場として悪くない。しかも、業績をアップさせている店舗もエリア内にはある。

　通常、市場環境が良ければ業績は上げやすい。

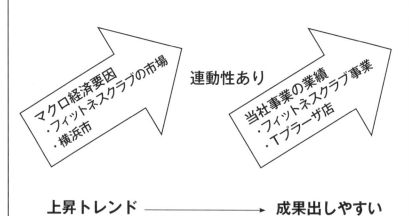

②なぜ、Ｔプラーザ店は悪いのか？

そこで、なぜ、Ｔプラーザ店の業績は低迷（悪化傾向）しているのか？　という疑問が出る。

Ｔプラーザ店の外部環境あるいは内部に問題があるのか？

以下で、外部環境および内部の問題を整理します。

③マイナスの影響を及ぼす外部環境

まず、外部環境については、以下のような点（情報）がＴプラーザ店の業績にマイナスの影響を及ぼしている可能性がある。

- フィットネスクラブの施設数は、少なくとも過去5年間は増加傾向
- 新規参入の小規模フランチャイズチェーンが急成長
- 外資企業も独自の店舗運営ノウハウを使い低価格で市場に参入
- 既存大手事業者はリノベーションや新しい業態やサービスの拡充に取り組んで対抗している
- 新規開業店やリノベーションを行ったＴプラーザ店周囲の競合店では、新規会員の獲得に成功していると聞きます
- Ｔプラーザ店近隣には、競合店がひしめき会員を奪い合っている
- 当店エリアは激戦区
- 最近よく自宅のポストに複数のフィットネスクラブのチラシが入る
- Ｔプラーザ店近隣の高齢化が進展している

これらのことを集約すると、以下のことが言える。

→ **Ｔプラーザ店の近隣エリアでは競争が激化している**

→ **高齢化が進展し、退会の増加に繋がっている可能性が高い**

→ **競合店では、低価格、24時間営業、リノベーションや新しい業態やサービスの拡充、入会キャンペーンなどで会員を獲得している**

→ **結果として、Ｔプラーザ店は相対的に競争優位性が低下してきている可能性が高い**

④マイナスの影響を及ぼす内部の問題

続いて、内部については、以下のような点（情報）がTプラーザ店の業績にマイナスの影響を及ぼしている可能性がある。

- 会員アンケート結果によると、
  当店への要望として、①会員対応の充実、②会員の希望に即した効果的な指導、③快適な環境の維持が、
  当店への不満として、①説明できないスタッフ、②サプリメントの強引な売り込み、③スタッフの雑談や私語が多いが、
  それぞれ上位であった
- 当店は開業してすでに30年以上の年月が経ち施設の老朽化が各所で進んでいる。また、今流行の24時間営業などもセキュリティの関係上対応することができない
- 当店会員さんは徐々に高齢化が進み退会も目立ち始めている
- 慢性的な人材（特にインストラクター）不足が共通の課題
- 市原主任は、「私は業績を上げるためにも当該施設のリノベーションを折に触れ強く訴えてきました。しかし、いつまで経っても先に進まない」と言う
- 近藤のサプリメント販売に関してクレームが発生している。他方、市原主任は、近藤の接客対応に及第点を与えている

これらのことを集約すると、以下のことが言える。

→ アンケート結果、クレーム発生という事実から、社員の接客対応や指導に問題があり、会員満足度の低下、そして退会の増加に繋がっている可能性がある
  原因は、社員教育（専門知識、接客対応など）が不十分なことや、部下育成にも問題があるためと思われる。何らかの対応が必要と考えられる

→ 施設が老朽化しているため、競合店に対して相対的に競争優位性が低下してきている可能性が高い。また、24時間営業な

どもできない

実際、数年前にリノベーションを一部実施した他店（M小杉店、センターK店）の業績は良い

→ 近隣の高齢化同様、Tプラーザ店会員も高齢化しており、退会に繋がっている可能性が高い

何らかの対応をしなければ、会員の減少に歯止めをかけることはできない

→ Tプラーザ店においても、人材（特にインストラクター）不足が発生している可能性が高い。結果として、休校（テニス）が発生している

→ なぜ、これまでリノベーションをしてこなかったのか？

また、なぜ、"いつまで経っても先に進まない"のか？

市原主任に問題があるのか？

それとも組織運営に問題があるのか？

理由を知りたい

　さて、次はこれまでの分析を踏まえて、今後の方向性を導き出します。

案件2	意見を聞かせてほしい

前ページまでの分析から以下の方向性を導き出します

【今後の方向性の例】

地域における競争優位性を回復させることで、会員数減少に歯止めをかけ、Tプラーザ店の業績改善を実現する

そのための方向性と施策として以下をあげる

➤ 会員満足度の向上を実現する

① 人材採用を強化し適正人員数の確保を目指す

② アンケート調査結果を分析したうえで、不満足要因の解消と、会員要望への対応を実施し会員満足度の向上を目指す

③ ②の分析結果も踏まえ、社員教育（接客、技術指導、専門知識、部下育成など）の計画と実施。また、その際、経営理念である「常にホスピタリティ精神と真摯な姿勢をもって行動し、会員様の健康で快適な日々の生活をサポートします」を全員で再認識する

④ 管理職と社員の意思疎通の充実

⑤ 新たなサービスの検討および実施

⑥ 施設リノベーション、マシンの更新の検討および実施
その際、顧客ニーズ、地域特性、地域の競合店の状況、費用対効果等の検証を行う

➤ 老舗店であることや富裕層が住む街であることを生かしていく

① 会員紹介制度の拡充

② 地域行事や交流の場などへの積極参加

③ 地域イメージを積極的に発信して他の街からも集客する

➤ 地域の高齢化へ向けた取り組みを実施する

① 高齢者向けの新サービスやトレーニングの検討および実施

② 地域の人口動態予測の調査　→今後の方向性に生かす

③ ターゲット等のチェンジも検討（中長期的な視点で）

④ 学生、買い物客もターゲットとする

※ 但し、これらは一例です。

前ページに、Ｔプラーザ店の今後の方向性の例を示しました。

方向性の"例"としているのは、方向性はこれ以外にあっても良いという意味です。

組織目標を達成することが、マネジメントを担う管理職・リーダーの使命ですが、それを達成するための方向性、方策、手段は、いろいろとあっても良いということです。

さらに言えば、マネジメントの判断に100％正解の解はありません。

しかし、ビジネスでは、できるだけ成功確率が高い方向性等を考えて選択することが求められます。

なぜ、成功確率が高い方向性等を選択する必要があるのでしょうか？

それは、既に書きましたように組織の経営資源は限られているからです。

例えば、５人の部下がいる場合、その５人の部下（経営資源）はあなたが決めた方向性に向けて動くことになります。そして、５人の部下が動けば、５人分の人件費や時間（経営資源）を使うことになります。

同様に、100人の場合は、100人の部下が動きます。

管理職・リーダーの判断は、このように限られた経営資源を動かすことに繋がるため、成功確率が高い方向性等を選択する必要があります。

そして、部下が多ければ多いほど、動かす他の経営資源が多ければ多いほど、その責任は重くなっていきます。

なるべく成功する可能性が高い方向性等を導き出すためには、

　事実情報を丁寧に拾い集めて、しっかと整理・分析して、論理的に結論づけることが必要です。

　以下は、方向性や重要課題を考える際の思考プロセスのイメージ図です。ご参考にしてください。

方向性・重要課題の設定の思考プロセス

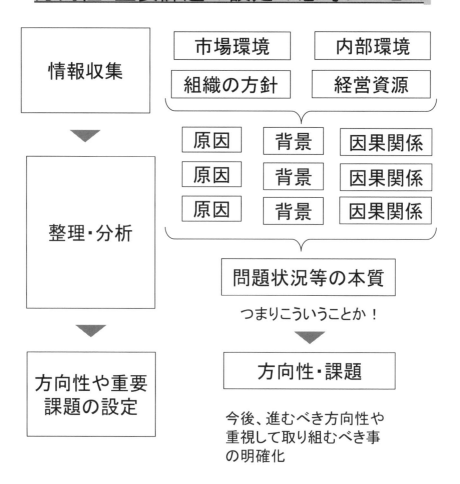

さて、本題に戻ります。112 ページに記載した今後の方向性は、水野ＳＭに課された重要課題（86 ページに記載）を解決するためのものであり、案件２を回答する際の指針となるものです。

案件２の回答として、以下のメール（参考例）を向井Ｍに出します。

| 案件
2-A
指示書
案件
1
2-B
4
5
7
8
10
11
12 | 向井Ｍ

お疲れ様です。本日付で、Ｔプラーザ店のサブ・マネージャーの職を拝命しました水野です。精一杯務めさせていただきますので、よろしくお願いいたします。

さて、当店の業績改善に向けての今後の方向性、方針、目標ですが、以下のように考えます。なお、分析検討が不十分なため見当違いな点があるかもしれませんが、お許しいただければと存じます。

手元にいただきました関係資料を確認しましたところ、Ｔプラーザ店では、ここ数年会員数が減少傾向に有り、結果としての業績の低迷に繋がっているものと考えられます。そして、会員数減少の主な原因は、会員の高齢化による退会増、会員満足度の低下や周辺地域の競争環境の激化による競争優位性の低下などが考えられます。

従いまして、今後は「地域における競争優位性を回復させることで、会員数の減少に歯止めをかけ、Ｔプラーザ店の業績改善を実現する」ことを目標にしたいと思います。まずは、会員数減少に歯止めをかけ、その上で会員数の維持や増加も目指したいと考えます。それを実現するための方向性、方針、各施策は以下のとおりです。

• 会員満足度の向上を実現する
（アンケート調査結果を分析したうえで不満足要因の解消と会員要望への対応を実施、社員教育や施設リノベーションの検討と実施など） |

	- 老舗店であることや富裕層が住む街であることを生かす（会員紹介制度の拡充、地域行事や交流の場などへの積極参加など） - 地域の高齢化へ向けた取り組みを実施する（高齢者向けの新サービスやトレーニングの検討と実施、他の街からの集客、中長期的にはターゲット等のチェンジも検討など） 取り急ぎ、このような事を考えさせていただきました。 帰国後、さらに詳細を分析させていただき、業績改善に向けた取り組みを実行していきたいと思います。 何とぞ、よろしくお願いいたします。

さて、これでやっと案件2が終わりました。お疲れ様でした。

人材アセスメント等の際は、限られた時間の中で、ここまで詳細な分析や記述をすることは難しいと思いますが、頭の中ではこのようなイメージで方向性や方針を考えていただきたいと思います。そして、頭で考えたことはなるべく回答用紙に表現（記述）するように頑張ってください。書いていないことは見えませんので、問題に気がついているかどうか、論理性が伴っているかどうかなどをアセッサーが判別できないということになってしまうかもしれません。

※ただし、分析や方針ばかりに時間をかけてしまいますと、他の案件処理ができなくなりますので、タイムマネジメントは絶対に忘れないでくださいね。

　この後は、マネジメントの際に必要な問題解決と課題設定の基本事項について、押さえておきたいと思います。

　その後、他の案件も見ていきます。

4．問題解決と課題設定

（1）問題とは、課題とは

　会社や組織では、「問題」や「課題」といった言葉が頻繁に使われます。しかし、この2つの言葉の意味を正確に理解して使っている方は、意外と少ないと感じています。

　本書でも、すでに出ましたが、「問題」と「課題」は、マネジメントではよく出てくるキーワードですので、ここでしっかりと理解してください。

　以下は、ビジネスにおける意味です。

「問題」とは

　会社や組織にマイナスの影響を及ぼす事実や状況、現状と目標に差が発生しているという事実や状況のことを言います。

　（例）クレームが頻発する、コストが増加した、離職率が高い、人的ミスが頻発する、社員のモラルが低い　など

「課題」とは

　理想的な状態と現状とのギャップを埋めるための取り組みや、やるべきことを言います。

　（例）接客を見直す、お客様のご満足度を高める、検査体制を強化する、社員とのコミュニケーション時間を確保する　など

以下は、問題と課題の関係を整理した図です。

問題と課題の関係整理

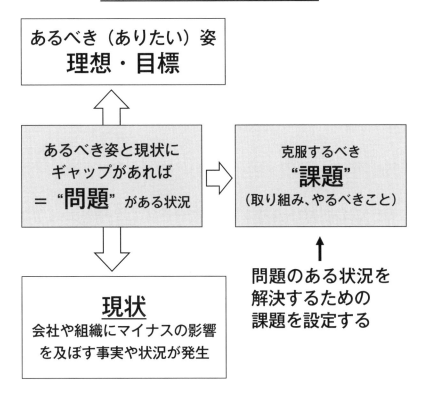

本インバスケット演習でも、水野ＳＭの重点課題を考える際に、この考え方を使いました。86 ページを確認してください。

（２）管理職・リーダーが求められる問題解決

　第３章で、管理職・リーダーの使命の１つが問題解決であること
を述べました。そして、組織階層と取り組むべき問題のレベルとの
関係は、一般的には以下の図のとおりです。

　ただし、初級管理者の方も、設定型問題や探索型問題への取り組
みにも意識を持って、マネジメントにあたっていただきたいと思い
ます。

　ちなみに、本インバスケット演習でも、設定型問題や探索型問題
にも踏み込んでもらえればと思います。

組織階層と取り組むべき問題レベル

階層	取り組むべき 問題のレベル	例
経営層 管理職	**設定型問題 （創る問題）**	・ 環境変化への対応 ・ 事業の選択と集中 ・ 組織の体質改善
管理職	**探索型問題 （探す問題）**	・ 業務改善 ・ トラブル防止 ・ 潜在問題の発見と解決
初級管理者 担当者	**発生型問題 （日常問題）**	・ 未達問題の解決 ・ 逸脱問題の解決 ・ トラブル、クレームの解決

（3）当座対策と抜本対策

　さて、管理職・リーダーは問題があればそれを解決して、組織目標を達成しなければなりません。

　その際、留意しなければならないことは、当座の対策だけではなく、再発防止など抜本的な対策を講じることです。

　例えば、前ページに書きました発生型問題として、クレームが発生したとします。その場合に、顧客に対する謝罪などは当座の対策として勿論必要です。しかし、それだけでは本質的な問題の解決には至りません。同様の問題が再発しないように、抜本的に解決するためには、クレームが発生した原因を探り、さらにその真因までを見極め、そこに対して対策を講じていく必要があります。

　抜本的な問題解決を行うためには、次ページの図「水平思考と垂直思考」を意識して、組織全体を見渡して問題を発見し、さらに深掘りをして因果関係や真因、本質を紐解いていくことが必要です。

水平思考と垂直思考

水平思考：周辺で起こっている出来事や全体の状況を、鳥
　　　　　の目で見るかのように鳥瞰的に広く見渡し、ど
　　　　　こに問題があるのかを見極める思考です

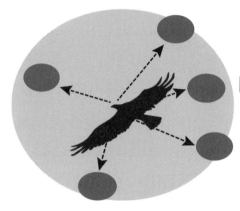

幅広く見渡す

垂直思考：問題を深く掘り下げて、因果関係や真因、
　　　　　本質を探る思考です

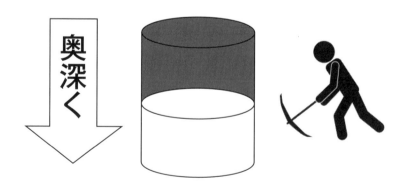

奥深く

さて、これらを踏まえて案件5を見ていきます。

案件5	会員からのクレームだ

8/25　向井Mから薄井SMへ

➤ 以下の<u>クレーム</u>が店舗マネージャー目安箱に投函された。
　至急、対応を頼む。

8/22　発信　伊藤登志子様から向井Mへ

➤ 私は、当クラブ <u>20 年来の会員</u>です。これまで水泳やヨガなどに楽しく取
　り組ませていただき感謝しています

➤ <u>友人も何人も紹介してきました</u>

➤ しかし、最近は、少し気になる点があります。それは<u>フィットネス・イン
　ストラクターの近藤さんから健康食品や飲料などのサプリメントをやや強
　引に買うようにすすめられる</u>ことです

➤ <u>複数の友人も困っているふうに思えます</u>

➤ <u>これからも気持ちよく通わせていただきたい</u>ので、<u>なんとか改善をお願
　い</u>いたします

【関連案件等】

指示書 参考情報 1	フィットネス・ワン株式会社の経営理念 「常に<u>ホスピタリティ精神</u>と<u>真摯な姿勢</u>をもって行動し、 会員様の健康で快適な日々の生活をサポートします」

指示書 参考情報 2	➤ 最近は解約をめぐるトラブルや、<u>望まない高額なサプリ メントの強引な販売</u>が問題視されるケースも目立つ

【関連案件等】

案件1-A	➤ 先ほど伊藤登志子様からお電話がありました ➤ 私には具体的な事はおっしゃいませんでしたが、お急ぎの様子でした
案件1-D	ジム・施設スタッフ ➤ フィットネス、近藤真優（23歳）
案件1-E	ジム・施設スタッフの役割等 ➤ 食事などのアドバイスおよびサプリメント等販売
案件7	8/19 近藤から薄井SMへメール ➤ サービス見直しの提案 ➤ 日頃、客単価アップに向けて、いろいろと努力をしていますが、なかなか思うように成果に繋がりません
案件11-B	➤ アンケート調査結果（当店への不満） ・ サプリメントの強引な売り込み（35%）
案件12	市原主任からの指導育成報告（近藤真優） ➤ 接客関係：3点 ➤ 丁寧な言葉遣いという点ではやや物足りませんが、十分に及第点を与える事ができると思います

案件5は、関連性がある案件も踏まえて対応する必要があります。

クレームという問題が発生していますが、ここでは、先ほどの当座の対策と再発防止に向けての抜本的な対策を講じていくことが求められます。

着眼点

- ✓ 案件5は、会員（伊藤登志子様）からのクレームの案件である
- ✓ 伊藤登志子様は、当クラブ20年来の会員であり、友人を何人も紹介した
  - →優良会員である
- ✓ これまで水泳やヨガなどに楽しく取り組ませていただき感謝しています
  - →当店には概ね満足している面もある
- ✓ クレームの内容を見ると、「最近は、少し気になる点があります。それは<u>フィットネス・インストラクターの近藤さんから健康食品や飲料などのサプリメントをやや強引に買うようにすすめられること</u>です」と言う
- ✓ <u>複数の友人も困っているふうに思えます</u>
  - →複数の会員が、<u>近藤のサプリメント販売の強引さに不快感を持っている可能性が高い</u>
- ✓ 一般的にも、望まない高額なサプリメントの強引な販売が問題視されるケースも目立っている
- ✓ これからも気持ちよく通わせていただきたいので、<u>なんとか改善をお願いいたします</u>
- ✓ <u>本日、電話も入っている。急ぎの様子だった</u>とのこと
- ✓ 手紙の日付からすでに10日程度経過している
  - →早急な対応が求められる
- ✓ 当社の経営理念は、「常にホスピタリティ精神と真摯な姿勢をもって行動し、会員様の健康で快適な日々の生活をサポート」

→実行できていない

✓ 近藤は、「日頃、客単価アップに向けて、いろいろと努力をしていますが、なかなか思うように成果に繋がりません」と言う

　→近藤本人は、前向きな姿勢で努力をしている様子

✓ 市原主任からの指導育成報告によると、接客関係の評点は3点であり、「丁寧な言葉遣いという点ではやや物足りませんが、十分に及第点を与える事ができると思います」というコメントがある

　→しかし、このようなクレームが発生してしまった結果を考えると、<u>市原主任の部下指導や指示に問題がある可能性がある</u>と考えられる

対応策のポイント

対応としては、以下のようなことが考えられます。

✧ 当座の対策として、早急に伊藤様に対する謝罪および再発防止を徹底する旨の連絡を入れるように指示するか、直接手紙やメールを出す。その際、これまで、20年にわたるご利用や、多数の友人のご紹介に対して感謝の言葉も伝える

✧ 近藤に対して、次の内容のメールを送る
　① 伊藤登志子様からサプリメントの販売方法の事でクレームがあったことを率直に伝える
　② 当面、健康食品や飲料などサプリメントのこちらからの売り込みは停止する（但し、会員様からお求めがある場合は除く）
　③ 次回、伊藤様にお会いした時には、不快な思いをさせたことに対するお詫びをするように指示する

④ 一方、近藤が前向きに業務を行っていることに対するねぎらいの言葉も入れ、近藤のモチベーションに配慮する

✧ 再発防止に向けて、以下の取り組みを行う
　① 帰国後、近藤と面談を行い、サプリメントを販売する際、どのようにおすすめをしているのか、なぜ強引に売り込もうとしたのかなどを確認する
　② 須藤主任および市原主任にも、サプリメントを販売する際、どのような販売方法（おすすめの仕方も含めて）がスタッフの基本になっているのか、その教育指導方法や体制などについて確認する
　③ 今回の問題が、近藤の個人的な問題なのか、組織的な問題なのかを確認する
　④ 近藤の個人的な問題であれば、近藤に対して、サプリメント等の販売方法の再教育を実施する
　　組織的な問題がある場合は、販売方法をマニュアルも含めて再検討し、会員様に不快な思いをさせない販売を目指す
　　また、この他にも過剰なノルマ、目標、インセンティブなど問題がないか、問題発生の原因を徹底的に調査・検証した上で、抜本的な対策を講じる

　このような対応をとるために、以下の手紙・メール（参考例）を各方面へ出します。

案件 5 指示書 案件 1 7 11 12	（手紙） 伊藤登志子様 拝啓 いくぶん残暑も和らぎ、しのぎ良い日が多くなりました。日頃は、当店をご利用いただきまして、誠にありがとうございます。また、これまで 20 年にわたるご利用や多数の友人のご紹介など重ねて御礼申し上げます。 さて、この度はサプリメントのおすすめにあたり、大変ご不快な思いをさせてしまったこと、また、お返事が遅くなりましたこと、心より謹んでお詫び申し上げます。 今回伊藤様のご指摘を受け、さらに社員への接客指導を徹底する必要性を痛感しました。今後このようなご迷惑をおかけすることがないよう、社員一同、サービスの向上に誠心誠意、努力してまいりたいと思っております。 今後ともご愛顧を賜りますよう、どうぞよろしくお願い申し上げます。伊藤様とお会いすることを心より楽しみにしています。 本来であれば直接伺いお詫びすべきところ、略儀ながらまずは書面にてお詫び申し上げます。 敬具 Ｔプラーザ店サブ・マネージャー　水野礼

（メール）

近藤様

ＣＣ：向井Ｍ、須藤主任、市原主任

お疲れ様です。この度、緊急な人事異動でＴプラーザ店のサブ・マネージャーを務めることになりました。今後よろしくお願いします。

さて、8月25日に会員の伊藤登志子様から添付の書面が向井Ｍに届きました。内容は、近藤さんから健康食品や飲料などのサプリメントをやや強引に買うようにすすめられることへのクレームです。

当座の対応として、以下をお願いいたします。

①明日以降は当面、健康食品や飲料などサプリメントのこちらからの売り込みは停止してください。（但し、会員様からお求めがある場合は除く）

②次回、伊藤様にお会いした時には、不快な思いをさせたことに対するお詫びをしてください

私は9月8日に着任しますので、それ以降に詳細を教えていただきたいと思います。

近藤さんが、日頃、熱心に業務に取り組んでいることには感謝します。今回も熱心さゆえの結果だと思います。今後もお力を貸してください。

なお、伊藤登志子様へは、私からお詫びの手紙（添付）を出しておきます。

水野礼

	（メモ） 今後、再発防止に向けて、以下の取り組みを行う ①帰国後、近藤と面談を行い、サプリメントの販売方法について確認する ②須藤主任および市原主任にも、スタッフのサプリメントの販売方法や教育指導などについて確認する ③今回の問題が、近藤の個人的な問題なのか、組織的な問題なのかを確認する ④近藤の個人的な問題であれば、近藤に対して再教育を実施する。組織的な問題の場合は、販売方法を再検討し、会員様に不快な思いをさせない販売を目指す ⑤この他にも過剰なノルマ、目標、インセンティブなど問題がないか、問題発生の原因を徹底的に調査・検証した上で、抜本的な対策を講じる また、伊藤様と会う機会を作り、あらためて直接謝罪をする

　案件5は、クレーム対応でした。<u>当座対策</u>と<u>抜本対策</u>を講じることがポイントでした。

　また、会員様や部下（**手紙やメールの受け手**）に対する**配慮**もポイントでした。

　伊藤登志子様は、20年来の会員であり、多くの友人をご紹介してくれる優良会員です。また、「これからも気持ちよく通わせていただきたい」という言葉からも、当店に対する顧客ロイヤリティーが高いことが想像できます。

　したがって、手紙には、「**これまで20年にわたるご利用や多数の友人のご紹介など重ねて御礼申し上げます**」という言葉を書きまし

た。

　一方、部下（近藤真優）は、案件7の「日頃、客単価アップに向けて、いろいろと努力をしていますが、なかなか思うように成果に繋がりません」という言葉から、業務への熱心な取り組み姿勢が分かります。

　また、「やはり抜本策としてUX（※）の向上を目指すべきだと思います。そのためには、当店のサービスの見直しが必要ではないかと思います」など会社への提案を前向きに行っています。

　さらに、案件12の市原主任が作成した指導育成報告の評価でも高評価を得ています。ただし、市原主任の評価には疑問な部分もあります。

　これらのことから、近藤はかなりモチベーションが高い状態で仕事に取り組んでいることが分かります。

　したがって、メールには、率直に指示はしたものの、「**近藤さんが、日頃、熱心に業務に取り組んでいることには感謝します。今回も熱心さゆえの結果だと思います。今後もお力を貸してください**」という言葉を最後に書き、近藤のモチベーションに配慮しました。

案件5は回答例として手紙・メールの例を掲載しました。

実際の人材アセスメントの際には、このように、宛先を入れて、できるだけ手紙文調、指示文調や依頼文調（誰に、何をさせるのかなど）で書いてください。以下の例のように箇条書きやメモだけでは、受け手（部下など）がどう動いたら良いのか分からない場合があります。そう判断されると、アセッサーに判定してもらえないこともあります。このような書き方をする方を時々見かけます。

※なお、本書では、数案件に関して、案件5のように指示文などの参考例を掲載させていただきます。
（紙面の関係上全案件ではありません。）

（書き方が好ましくない回答例）

案件5	・ 早急に伊藤様に対する謝罪および再発防止を徹底する旨の連絡を入れるように指示する
	・ その際、これまで 20 年にわたるご利用や、多数の友人のご紹介に対して感謝の言葉も伝える
	・ 近藤に対して、クレーム内容を転送し、サプリメントのこちらからの売り込みは停止するように指示する

※上記は指示・依頼文ではなく、受け手からすれば、「誰が、何をするのか」が分かりません。また、誰が受け手かも分かりません。この場合、事態が進展しなかったり、業務が停滞したりすることに繋がりかねません。

勿論、自分だけのメモや心づもりとして書くなら結構です。

この後は、管理職・リーダーがしなければならない意思決定について、見ていきます。

5．意思決定

（1）管理職・リーダーは時にはリスクをとる

　一般職の間は、上司からの指示、組織のルールやマニュアル、あるいは先輩から教えられた事などに従って、忠実に仕事をするというのが基本スタンスです。

　しかし、管理職・リーダーになると、より経営者に近い立場で仕事をしていくことになります。
「右に行くのか、左に行くのか」、「進むべきか、立ち止まるべきか」対応に迷う場合や、「周囲から反発があるかもしれない」など感じる場合でも、どのようにするかを判断して決めることが管理職・リーダーには求められる時があります。

　また、リスクがあること（例：失敗して責任をとらされる事柄）にチャレンジしたり、これまでのやり方（例：会議や報告書）を改めたりするなど、人に頼らずに自分の責任で決めることが求められる時もあります。

　このような取り組みは、勇気や気概が必要ですし、非常にエネルギーを費やします。
　しかし、それを実行することを求められるのが管理職・リーダーです。

　勿論、何でもかんでも、よく考えずに、即断即決で決めてよいという事ではありません。
　自分に与えられた役割や状況に応じて、時にはリスクを取ってでも自分の責任で決断して、事態を前に進展させたり、業務変革を行ったりする場合があるという意味です。
　これが管理職・リーダーと一般職との大きな違いです。

そして、意思決定する際にも拠り所となるのが、自身の方向性や方針です。物事の是非を決める際の判断基準の1つになります。そういう意味でも、管理職・リーダーは自身の方向性や方針を持つことが大切なのです。

一方、管理職・リーダーになっても、意思決定ができずに、すべてを上司に相談したり、自分で責任を取らなかったりするような姿勢では、管理職・リーダーとして物足りないと言われてしまいます。
部下に対しても、「部下に嫌われたくない」、「反抗されたくない」という思いから、いつも部下の顔色ばかりうかがっている上司は、部下からも信頼されないことにも繋がります。

（2）リスクはできるだけヘッジする

新しいことへのチャレンジや、組織や業務の変革などは、リスクを伴う場合があります。また、100％成功する保証は何処にもありません。

しかし、ビジネス（仕事）としてそれらを行う場合は、できるだけ失敗はしたくありません。管理職・リーダーは、リスクを最小限にとどめたい（リスクヘッジしたい）と考えることも必要です。

したがって、方向性や方針、新しい施策や業務変革などを考える際には、**できるだけ成功確率を高めるために、多くの情報を集めて、しっかりと整理・分析して、論理的に物事を決めていくことが大切**です。

（3）何もしないこともリスク

一方、社会や経済環境など、自社（組織）を取り巻く環境は常に変化しています。

そして、その変化は少しずつ時間をかけて進行しています。この環境変化に気がつかず、抜本的な構造改革や組織改革（例：事業戦略の見直し、技術革新や顧客ニーズへの対応など）を実施せずに、業績悪化や、（悪くすると）倒産や廃業に追いやられる企業もあります。

ゆでガエルの教訓をご存じですか？

「カエルを熱湯の中に入れると驚いてすぐに飛び出し逃げます。一方、常温の水の中に入れて徐々に熱すると、カエルはその温度変化に気づかず、生命の危機と気づかないうちにゆであがって死んでしまう」という話です。

このように、緩やかな変化に気がつかず、"何もしないこと"によるリスクもあるのです。

管理職・リーダーは、時には果敢に意思決定をして、リスクを伴う新しいことに挑戦する精神も是非お持ちいただきたいと思います。

コラム

インバスケット演習の回答を見ていると以下のような方がいます。
・ 何でもかんでも、上司に伺いをたてる方
・ ほとんどを帰国後に処理する（＝先送りする）方
・ 上司や部下に丸投げする（自分の判断はなく、全て委任する）方
勿論、組織ですので手続き上それが必要な場合もありますが、自分の意見はないのでしょうか。自分が何を期待されている管理職・リーダーなのかをしっかりと確認した上で、ご自身で意思決定するべき事項は勇気を持って自身で決めるという姿勢も必要です。意思決定するのが、管理職・リーダーの重要な仕事です。

では、案件の解説に戻りましょう。

案件3、案件4、案件7、案件9を見ていきますが、いずれの案件も部下から意思決定を求められています。

まずは、案件3です。

案件3	新聞折り込みチラシの件

8/25　須藤主任から薄井SMへ

- 9月13日の新聞折り込みチラシの件で相談
- フロントスタッフで新規会員獲得に向けたアイディアを検討してきた
- 今回は、10月の新規入会特典として、①入会時の費用免除、②オプション利用券（1万円分）を打ち出したいと思います
- これまでの①だけでは、激戦区の当店エリアでは競合店舗と比較してインパクトが弱く、効果が限られると判断したため
- テストの意味でも、ぜひ実施したいと思います。ご承認をお願いいたします
- 9月3日までに印刷の手配が必要になります

【関連案件等】

案件1-B	・ 近隣には競合店がひしめき、会員を奪い合っている

案件1-D	店舗管理・フロントスタッフの構成員 ・ 主任：須藤麻衣、社員：2名、その他：杉田他3名

案件1-E	店舗管理・フロントスタッフの役割 ・ 新規会員獲得に向けた企画立案・運営

案件10	・ 地元から通っていますが、最近よく自宅のポストに複数のフィットネスクラブのチラシが入るようになりました ・ 内容的には、以下のようなことをアピールしています 　✓ 10月分会費990円で断然お得 　✓ 10月分の会費　50% OFF 　✓ 500円（税込み）フィットネス体験 　✓ 事務手数料：0円、カード発行料：0円　他

案件3ですが、関連性がある案件10も同時に処理します。また、宛先（須藤主任）が同じですので、案件1も同時に処理してもよいと思います。（今回は、別に処理します。）

✓ 納期（印刷手配の締め切り日）が9月3日なので、すぐの対応が求められる

✓ 当販売促進策の目的は、新規会員の獲得である

✓ これまでは①のみだったが、今回は②のオプション利用券（1万円分）を加えたいと言う
　→予算がかかる

✓ これまでの①だけでは、激戦区の当店エリアでは競合店舗と比較してインパクトが弱く、効果が限られると判断したためと言う

✓ 近隣には競合店がひしめき、会員を奪い合っているという情報もある

✓ 地元から通っていますが、最近よく自宅のポストに複数のフィットネスクラブのチラシが入るようになり、新規会員獲得にむけた割引などの特典を強調している
　→杉田洋子は協力的な姿勢がある

↓

● 確かに競争環境は激化している可能性が高い

● 本件は、予算がかかる案件である

● 管理職・リーダーとして、予算管理、費用対効果の検証は必要である

● 今回は、1万円のオプション利用券なので、通常の会費はいただくが、プラスαのオプションを利用した場合に売上高に繋がらない

対応としては、以下のようなことが考えられます。

◇ 判断材料として、以下の情報を求める
- 毎月の新規会員数の実績（月ごと時系列）
- 新規会員の獲得のために、他にどのような取り組みをしてきたのか
- 今回の施策による10月の新規会員の獲得見込み数
- 今回の新聞折り込みチラシの部数、料金
  →どの程度の費用がかかるのかを知りたい

◇ 今回は、須藤主任が「テストの意味でも、ぜひ実施したいと思います」と言うため、この意気込みやモチベーションに配慮して、大きな損失が発生するリスクがないのであれば、実施の方向で向井Mに進言する

◇ 上記の情報を向井M（CC：水野SM）に提出させたうえで、遅くとも9月2日（9月3日は休館日）までに判断をしてもらうように手配する

◇ また、須藤主任および杉田に対して、前向きな取り組みに対するお礼やねぎらいの言葉を伝える

◇ 今後は、地域市場や競合店の分析を行い、より抜本的な新規会員獲得策を検討の上、実施していく

このような対応をとるための指示や連絡などを各方面へ出します。

次は、案件4です。

案件4	リノベーションの件

8/19　市原主任から薄井SMへ

✓ 当店は<u>開業してすでに30年以上の年月が経ち、施設の老朽化が各所で進んでいます</u>。また、今流行の24時間営業などもセキュリティの関係上対応することができません

✓ <u>新規開業店やリノベーションを行った周囲の競合店では、新規会員の獲得に成功していると聞きます</u>

✓ 特に<u>プール、スタジオは早急にリノベーションを行う必要があると思います</u>。また、<u>マシンも最新機種でグレードが高いモノへ切り替えが必要だ</u>と考えます

✓ 以前から、私は業績を上げるためにも<u>当該施設のリノベーションを折に触れ強く訴えてきました</u>

✓ しかし、いつまで経っても先に進まないので、<u>思い切って当社の提案制度を活用して本社に直接訴えかけようと思います</u>

✓ <u>9月初旬には提出したいと思いますが、サブ・マネージャーはどのようにお考えでしょうか</u>

【関連案件等】

指示書	➤ 君はマーケティングに詳しいので<u>大いに期待している</u> ➤ <u>前例にとらわれる必要はない。思い切った手立てを考えてくれたまえ</u>。ぜひ、Tプラーザ店の業績アップに貢献してほしい

指示書 参考情報1	➤ フィットネス・ワン（株）は、フィットネスクラブ業界では、既存大手事業者の1社である

【関連案件等】

指示書 参考情報2	➤ 既存大手事業者はリノベーションや新しい業態やサービスの拡充に取り組んで対抗している
案件1-B	➤ 施設は、プール、スタジオ（2部屋）、マシンジム、フリーウェイト、インドアゴルフ練習場、テニスコート、風呂、ジャグジー、サウナなどがある ➤ 近隣には競合店がひしめき、会員を奪い合っている
案件2-B	➤ M小杉店とセンターK店の業績は良化 ➤ M小杉店とセンターK店では、リノベーションを数年前に一部実施している
案件11-B	➤ アンケート調査結果（当店への不満） 　・ 施設が古い（26%） ➤ アンケート調査結果（当店への要望） 　・ 施設のリノベーション（29%） 　・ マシンのグレードアップ（16%） 　・ ホットスタジオ（12%） 　・ 有酸素マシンの充実（6%）

案件4も、関連性がある案件を踏まえて対応する必要があります。

着眼点

✓ Tプラーザ店は開業後30年以上経ち、施設の老朽化が各所で進んでいる。また、このため24時間営業などもできない

✓ 一方、新規開業店やリノベーションを行った周囲の競合店では、新規会員の獲得に成功していると聞く

また、既存大手事業者はリノベーションや新しい業態やサー

ビスの拡充に取り組んで対抗しているという情報がある

→市場・競合環境からすると、リノベーションの実施は競争優位性を維持・強化するためには必要な可能性が高いと考えられる

✓ 市原主任は、特にプール、スタジオの早急なリノベーションと、マシンを最新機種でグレードが高いモノへ切り替えが必要だと言う

→市原主任は、そう言うが、ハード面だけの問題か？

→案件7では、近藤がサービス（ソフト面）の見直しを提案している

→リノベーションとなると大きな投資が必要であり、市場における顧客ニーズ、地域特性、地域の競合店の状況、費用対効果等の検証を行う必要がある

→一方、水野SMの立ち位置（「大いに期待している」「前例にとらわれる必要はない」「思い切った手立てを考えてくれたまえ」）からすると、前向きな姿勢で臨みたい

✓ M小杉店とセンターK店では、リノベーションを数年前に一部実施。実際、業績は良化している

→M小杉店とセンターK店では、どの施設をリノベーションしたのか？

→リノベーションと業績良化の因果関係は本当か？

→両店のリノベーション前からの実績推移を時系列で見たい

✓ 以前から、私は業績を上げるためにも当該施設のリノベーションを折に触れ強く訴えてきました。しかし、いつまで経っても先に進まないので、思い切って当社の提案制度を活用して本社に直接訴えかけようと思います

→なぜ、これまでリノベーションをしてこなかったのか？

→なぜ、"いつまで経っても先に進まない"のか？

→市原主任に問題があるのか？

→それとも組織運営に問題があるのか？

✓ 9月初旬には提出したいと思いますが、サブ・マネージャーはどのようにお考えでしょうか
　→早めに、何らかの考えは示したい

対応としては、以下のようなことが考えられます。

✧ 情報全体から、Tプラーザ店の業績を良くするためには、施設をリノベーションすることも、重要な選択肢であると考えられる
✧ したがって、リノベーションを検討する方向で対応する
✧ 市原主任へ以下の内容のメールを出す
- 自身としても、Tプラーザ店の施設のリノベーションについては、前向きに検討したい旨
- 一方、リノベーションとなると大きな投資が必要であり、慎重な検討と判断が必要である。そのため、市場における顧客ニーズ、地域特性、地域の競合店の状況、費用対効果等の検証を行う必要がある
- 従って、今後、情報収集や分析を行い、迅速に意思決定をしていきたい
- 市原主任に今後の協力を要請する

- また、以下のことを教えてほしいと伝える
  ◦ なぜ、Tプラーザ店ではこれまでリノベーションをしてこなかったのか？
  ◦ なぜ、いつまで経っても先に進まなかったのか？
  ◦ 何が、問題や原因だと思うか？
✧ 市原主任だけではなく、向井Mや本社なども巻き込んで、情

報収集を行う。各方面に以下の情報を依頼する

- M小杉店とセンターK店では、どの施設をリノベーションしたのか？
- M小杉店とセンターK店のリノベーション前から現在までの実績推移（会員数、売上高、客単価等）を、時系列データ（月次、年齢階層、男女、コースごと）
- 市場における顧客ニーズ、地域特性、地域の競合店の状況
- フィットネスクラブ市場の今後の予測、動向
- 各施設をリノベーションする場合の概算金額

このような対応をとるための指示や連絡などを各方面へ出します。

次は、案件7を見ていきます。

案件 7	サービス見直しの提案

8/19　近藤真優から薄井SMへ　（CC：市原主任）

✓ 日頃、客単価アップに向けて、いろいろと努力をしていますが、なかなか思うように成果に繋がりません

✓ やはり抜本策として<u>UXの向上を目指すべき</u>だと思います

✓ そのためには、<u>当店のサービスの見直し</u>が必要ではないかと思います

✓ 具体的には、以下のような<u>オプションメニューの充実</u>です

- ・ パーソナル・トレーニングメニュー
- ・ トレーニングと食事マネジメントをセットにした効果的なダイエットコース
- ・ 最新のアメリカ式のダイエット＆トレーニングなど

➤ <u>そうすれば客単価のアップが狙えます</u>

➤ <u>24 時間営業も今の時代必須ではないか</u>と思います

➤ ご検討をお願いいたします

【関連案件等】

指示書 参考情報 2	➤ 既存大手事業者はリノベーションや<u>新しい業態やサービスの拡充</u>に取り組んで対抗している

案件 10	競合店のチラシ ➤ 24 時間いつでも使えて、月額 5,000 円

案件 11- B	➤ アンケート調査結果（当店への要望） 　・ 会員の希望に即した効果的な指導　（34%） 　・ 適切な技術指導（21%）

【関連案件等】

案件 12	
	➢ 今年4月入社の近藤真優の指導育成報告
	➢ 体育大学でスポーツコーチングを専攻した優秀なインストラクター
	➢ 問題なく成長していると思います
	➢ 評価
	業務知識　・・・4点
	指　導　力　・・・4点
	接客関係　・・・3点
	勤務態度　・・・4点

着眼点

✓「日頃、客単価アップに向けて、いろいろと努力をしていますが、なかなか思うように成果に繋がりません」と言う
→単価アップは、Ｔプラーザ店の方針か？誰が指示を出しているのか？

✓ やはり抜本策としてUXの向上を目指すべき

✓ そのためには、当店のサービスの見直しが必要で、具体的には、パーソナル・トレーニングメニューなどのオプションメニューの充実を提案する

✓ そうすれば客単価のアップが狙えますと言う

✓ 24時間営業も今の時代必須ではないか
→前向きな提案をする。案件12でも、「改善提案なども前向きに行っています」という市原主任のコメントがある
→提案の方向性は間違いではない
→24時間営業は、会員ニーズの観点だけでなく、施設という固定資産の稼働率を高めるという観点からも有効な方策と考えることができる

✓ 既存大手事業者はリノベーションや新しい業態やサービスの

<u>拡充に取り組んで対抗している</u>

✓ 競合店のチラシでも、<u>24時間対応の安価なサービスが出現し</u>
ている

✓ アンケート調査結果（当店への要望）では、「<u>会員の希望に即</u>
<u>した効果的な指導</u>」（34％）、「<u>適切な技術指導</u>」（21％）など、サー
ビス面に対する要望が出ている

→近藤が提案する新しいサービスを導入する前に、やるべき
事があるのでは？

対応策のポイント

対応としては、以下のようなことが考えられます。

✧ 急ぎの案件ではないため、返信は帰国後でも問題はない
✧ ただし、近藤のモチベーションに配慮した返信をしたい
✧ 前向きな提案に対するお礼やねぎらいの言葉をかけたい

以下をメモし、今後対応する

✧ 方向性で示した通り、会員数の減少に歯止めをかけるために
は、会員満足度の向上を実現することが不可欠である。その
ため、今後、アンケート調査結果などを詳細分析の上、サー
ビス品質の向上およびサービスの見直しを検討していく

✧ 単価アップについては、組織としてどのように動いてるのか
を確認する（本社の方針か、Ｔプラーザ店の方針か、市原主
任の指示か、近藤本人の考えかなど）

→Ｔプラーザ店の業績悪化の主な要因は、会員数の減少であっ
た

このような対応をとるための指示や連絡などを各方面へ出しま
す。

さて、次は案件9を見ていきます。

案件9	有給休暇の件

8/26　市原主任から薄井SMへ

✓　有馬さんから有給休暇の申請が出ました

✓　テニスは、慢性的な人員（インストラクター）不足で、アルバイトの桑原君の状況によっては、休校にせざるを得ませんが、どうしましょうか

【関連案件等】

指示書 参考情報3	【就業規則　抜粋】 ✓　社員が年次有給休暇を取得するときは、原則として1週間前までに所定の手続により会社に届け出なければならない ✓　社員が連続4日以上（所定休日も含めて4日以上）の年次有給休暇を取得するときは、原則として1ヵ月前までに所定の手続により会社に届け出なければならない ✓　年次有給休暇は本人の請求があった時季に与えるものとする。ただし業務の都合によりやむを得ない場合には、他の時季に変更することがある
指示書 参考情報2	➢　慢性的な人材（特にインストラクター）不足が共通の課題と言われている
案件1-F	➢　U年9月　Tプラーザ店予定表
案件11-B	➢　アンケート調査結果（当店への不満） 　　・　休校が多い（テニス）（23%）

- ✓ ジム・施設スタッフ（テニス）の有馬知子から年次有給休暇の申請が出た
- ✓ 期間は、U年9月15日〜U年9月19日の5日間（内、9月17日は休館日）
- ✓ しかし、「テニスは、慢性的な人員（インストラクター）不足で、アルバイトの桑原君の状況によっては、休校にせざるを得ません」と言う
- ✓ アンケート調査結果では、当店への不満として「休校が多い（テニス）」23%があげられており、会員の不満が顕在化している
  →今後の方向性として、<u>会員満足度を向上させることを重視している</u>ことから、<u>休校は避けなければならない</u>と考える
- ✓ 一方、手続面では、本休暇申請書の申請日はU年8月21日である。就業規則では、「社員が連続4日以上（所定休日も含めて4日以上）の年次有給休暇を取得するときは、原則として<u>1ヵ月前までに</u>所定の手続により会社に届け出なければならない」と定められており、<u>有馬の申請日は問題がある</u>
- ✓ U年9月Tプラーザ店予定表を見ると、9月16日には、エリア会議の予定があるため、水野SM自身が代行する選択肢は難しい
- ✓ 慢性的な人材（特にインストラクター）不足が共通の課題と言われている中で、これまで何ら手を打ってこなかったのか疑問

対応策のポイント

対応としては、以下のようなことが考えられます。

（当座対応として）
- ❖ 休暇の初日である９月15日まで時間がないことから、早急な対応が必要
- ❖ まずは、桑原がその間、対応が可能かどうかを確認する
- ❖ そのうえで、対応が完全に可能な場合は、有馬の年次有給休暇の申請を認める
- ❖ 対応が全く不能な場合は、有馬の年次有給休暇の申請を認めない
- ❖ 対応が完全に可能でない（：全日対応できない）場合は、有馬の年次有給休暇の申請を認めない、あるいは取得日数の短縮などを調整する
- ❖ いずれの場合も、有馬に対しては年次有給休暇の申請日が就業規則のルールから逸脱していることは伝える

（休暇の申請を認めない場合は）
- ❖ 有馬の立場にたった配慮が必要
- ❖ 今後の方向性として会員満足度を向上させることを重視していることから、会員の不満足要因となる休校は避けたい旨を丁寧に説明し、有馬に理解を求める
- ❖ 一方、組織としてこれまで人員不足の状態を解決してこなかったことは詫び、今後早期解決を目指すことを伝える

（今後の対応）
- ❖ 慢性的な人材（特にインストラクター）不足が共通の課題と言われている中で、これまでどのような対策を講じてきたのかを確認する
- ❖ スタッフ人材（特にインストラクター）の適正人員数の確保を目指し、あらゆる求人手段を検討の上実行する

　それらを踏まえて、次ページのメール（参考例）を市原主任および向井M、須藤主任へ出します。

案件9	市原主任
指示書	CC：向井M、須藤主任
案件1	お疲れ様です。（※すでに他のメールで挨拶済み）
案件11	有馬さんの年次有給休暇の件です。時間がありませんので、すぐの対応をお願いいたします。
	<u>私は、当店の今後の方向性として、会員満足度を向上させることを重視したいと思いますので、会員さんの不満足に繋がる休校は避けなければならないと考えます。</u>
	したがって、まずは有馬さんの休暇申請期間の全日程について桑原君が対応可能かどうかを確認してください。
	その状況に応じて、以下のようにお願いいたします。
	①対応が完全に可能な場合
	有馬さんの年次有給休暇の申請を認めてください。
	②対応が全く不能な場合
	有馬さんの年次有給休暇の申請を認めないでください。
	③対応が完全に可能でない（：全日対応できない）場合
	休校が発生しないように、取得日数の短縮など調整を行ったうえで、年次有給休暇の申請を認めてください。
	②、③の場合は、有馬さんのモチベーションへの配慮も必要です。私の考え「上記、下線部分」、および「組織としてこれまで人員不足の状態を解決してこなかったことについてはお詫びしたい。そして今後早期解決を目指したい」を丁寧に説明し、理解を求めてください。くれぐれも配慮をお願いいたします。もし、有馬さんの理解を得られない場合は、向井Mに相談して指示を仰いでください。
	なお、私宛、結果報告もお願いいたします。
	大変お手数ですが、よろしくお願いいたします。
	水野礼

（メモ）

- 帰国後、以下の対応をする
- ②、③の場合は、有馬と面談し、お礼とお詫びをするとともに、自身の考え方を説明し理解を求める
- いずれの場合も、有馬と面談し、年次有給休暇の申請日が就業規則のルールから逸脱していたことを伝え、今後の改善を求める
- 慢性的な人材（特にインストラクター）不足が共通の課題と言われている中で、これまでどのような対策を講じてきたのかを確認する
- スタッフ人材（特にインストラクター）の適正人員数の確保を目指し、あらゆる求人手段を検討の上実行する

コラム

案件9の処理では、早急な意思決定が求められています。

意思決定を先送りすると、休校が発生したり、有馬さんとのトラブルに繋がったりする可能性があります。

一方、このように不明な事項が多い場合は、意思決定することが難しいことも事実です。

このような場合は、上記のように場合分けをして、ケースに応じた実施事項（意思決定）を指示することで、事態を進展させることができます。

タイム・イズ・マネー、時間は大切な経営資源です。管理職・リーダーは、状況に応じて迅速に意思決定し事態を進展させることが必要です。

6．問題解決の流れ

　さて、ここまでインバスケット演習の解説を行いながら、同時に、「立ち位置と方針設定」、「問題解決と課題設定」、「意思決定」など、管理職・リーダーにとって必要な考え方や行動についても、触れてきました。

　ここでは、問題解決の流れについて見ていきます。

　繰り返しになりますが、管理職・リーダーの使命の1つが問題解決です。

　そして、問題を解決する際には一連のプロセス（流れ）があります。次ページの図「問題解決の思考・意思決定・実行プロセス」は、管理職・リーダーがマネジメントの一環として問題解決をする際の流れを図にしたものです。

　この流れに沿って、問題解決を目指していくことになります。

問題解決の思考・意思決定・実行プロセス

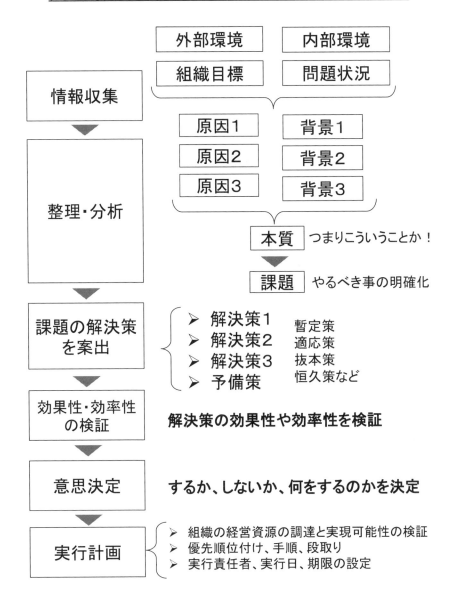

	外部環境	内部環境
情報収集	組織目標	問題状況

	原因1	背景1
整理・分析	原因2	背景2
	原因3	背景3

本質 つまりこういうことか！

課題 やるべき事の明確化

課題の解決策を案出
- ➤ 解決策1　暫定策
- ➤ 解決策2　適応策
- ➤ 解決策3　抜本策
- ➤ 予備策　　恒久策など

効果性・効率性の検証　　**解決策の効果性や効率性を検証**

意思決定　　**するか、しないか、何をするのかを決定**

実行計画
- ➤ 組織の経営資源の調達と実現可能性の検証
- ➤ 優先順位付け、手順、段取り
- ➤ 実行責任者、実行日、期限の設定

（1）情報収集と整理・分析

　前ページの図「問題解決の思考・意思決定・実行プロセス」の中で、最初の「情報収集」と「整理・分析」の段階では、以下の図にある「原因の深掘り」や 122 ページの「水平思考と垂直思考」のイメージを念頭に、広い視野で情報を幅広く拾うことや、深い考察で問題の原因や背景を深掘りすることが必要です。その上で、情報間の整理や本質の見極め、さらには課題の明確化を行います。それが不十分ですと、効果性が高い解決策を案出することができない場合があります。

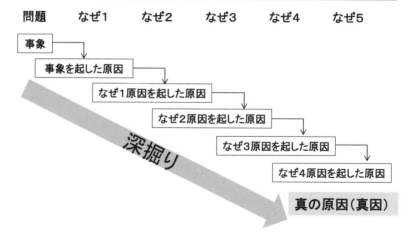

（2）課題の解決策を案出

　問題状況の整理や分析を行い、本質ややるべき課題の明確化ができたら、次はその課題を解決するための解決策を検討し案出することになります。

　問題状況の原因や本質が明らかになれば、おのずと何らかの解決

策は見えてきます。

　例えば、案件5のクレームについて考えてみます。

　なぜ、クレームが発生したのかというと以下の図のように考えることができます。

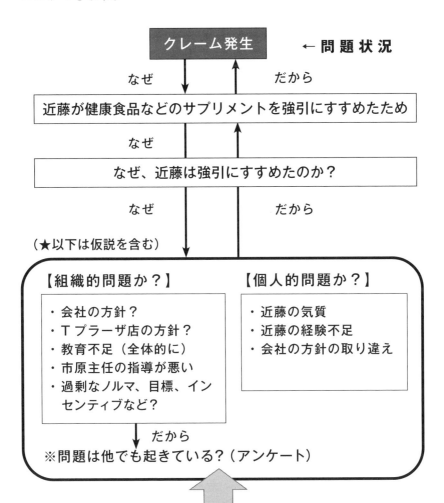

案件５の場合、問題状況の原因や本質は、上記の通りと考えることができます。現時点では、事実確認をしていませんので、仮説ということになります。

　大まかに組織的問題と個人的問題の２つに分類して、それぞれ整理すると、

　組織的問題として、以下のようなことが考えられます。
　① 会社の方針で、そのような売り込み方をしているのか？
　② Ｔプラーザ店の方針で、そのような売り込み方をしているのか？
　③ 基本的な接客やホスピタリティ精神などの教育がＴプラーザ店全体的に不足していないか？
　④ 市原主任の指導が悪い可能性（指導育成報告でのコメントと食い違い部分がある）
　⑤ 過剰なノルマ、目標、インセンティブなどはないか？

　また、個人的問題として、以下のようなことが考えられます。
　① 近藤の気質（強引さ、相手の気持ちを感じ取れないなど）
　② 近藤の経験不足（接客、物販など）
　③ 近藤が会社の方針を取り違えている

　そして、これらの原因の特定を行い、その原因を取り除く（改善する）ことで、問題を解決することができます。

　この例で言えば、組織的問題の③や④が原因であれば、解決策は、「Ｔプラーザ店の全社員に対して基本的な接客やホスピタリティ精神などの教育を強化する」ことや、「上司の部下指導の教育を強化する」ことなどになります。
　また、個人的問題の②や③が原因であれば、解決策は、「近藤に対する接客や物販に関する教育指導をする」ことや、「会社の方針（経営理念など）を丁寧に説明し理解を求める」ことなどになります。
　なお、ここでは参考例として案件５を使い考えましたが、水野Ｓ

Mの立ち位置からすると、大きな問題はTプラーザ店の業績が低迷していることです。このような大きな問題、時間がかかる問題の解決も同様の考え方、プロセスで行うことができます。

　解決策を案出する際に気をつけたいのは、153ページの図にあるように基本的には解決策は複数用意するということです。

　また、解決策の種類としては、暫定策、適応策、抜本策、恒久策などがあります。簡単に言えば、当面の解決策と抜本的な解決策ということになります。

（3）効果性・効率性の検証

　次のプロセスは、案出した解決策がどのくらいの効果が期待できるか（あるいは、逆効果にならないか）、本当に解決できるかなどの効果の検証を行います。

　また、その解決策は最も効率的なやり方（少ない時間でできる、少ない経営資源の投入で実施可能）になっているかを検証します。

　その上で、実行するか、実行しないかの意思決定をする流れになります。意思決定については、前述しました。

（4）実行計画

　図「問題解決の思考・意思決定・実行プロセス」の最後のプロセスは、「実行計画」です。

　実行計画を立てる際には、組織のどの経営資源（人・モノ・金など）をどの程度使うかを具体的に検討し、実現可能性を検証します。

　ここで注意したいのは、解決策は考えたとしても、その組織の経営資源では実現できないこともあります。この場合は絵に描いた餅ということになってしまいます。したがって、解決策を案出する際に、すでに経営資源に目をやりながら解決策を考えることが必要です。それが効率的なやり方と言えます。

また、何から先にやるのか、何を重視すべきかなど優先順位付けを行った上で手順や段取りを整えます。

　案件5で言えば、会員さんへの謝罪がまずは取り組むべき実施事項と言えます。

　さらに、実行責任者、実行日、期限（納期）の設定を行います。

　ここで大切なことは、実行責任者を必ず決めることです。なぜなら実行責任者を決めないと誰も実行しない可能性が高いからです。

　実業務においても、計画を立てたり、会議で実施することを決めたりする際には、必ず実行責任者を決めることを忘れないでください。

　また、納期も必ず設定してください。

　このようなことも踏まえて、日頃のマネジメントや、インバスケット演習における案件処理を行ってください。

　では、案件の解説に戻りましょう。

　案件11、案件12を見ていきますが、いずれの案件も問題解決の意識をもってあたる必要があります。

案件 11	会員アンケート集計結果

8/26 須藤主任から薄井SMへ （CC：向井M）

✓ 8月に実施しました<u>当店会員アンケート調査の結果</u>が出ましたので、取り急ぎ添付させていただきます

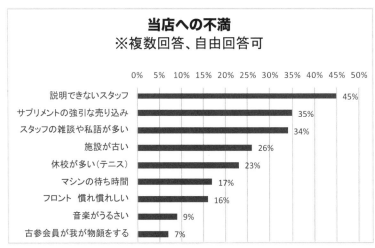

当店への不満
※複数回答、自由回答可

項目	割合
説明できないスタッフ	45%
サプリメントの強引な売り込み	35%
スタッフの雑談や私語が多い	34%
施設が古い	26%
休校が多い（テニス）	23%
マシンの待ち時間	17%
フロント 慣れ慣れしい	16%
音楽がうるさい	9%
古参会員が我が物顔をする	7%

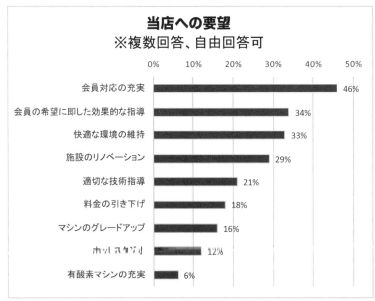

当店への要望
※複数回答、自由回答可

項目	割合
会員対応の充実	46%
会員の希望に即した効果的な指導	34%
快適な環境の維持	33%
施設のリノベーション	29%
適切な技術指導	21%
料金の引き下げ	18%
マシンのグレードアップ	16%
ホットスタジオ	12%
有酸素マシンの充実	6%

【関連案件等】

案件2	➤ 当店の業績はここ数年下降気味
案件4	➤ 当店は開業してすでに30年以上の年月が経ち、施設の老朽化が各所で進んでいます ➤ 新規開業店やリノベーションを行った周囲の競合店では、新規会員の獲得に成功していると聞きます ➤ 当店の昔からの会員さんは、これまでの付き合いでなんとか当店に継続して来てくれていますが、徐々に高齢化が進み退会も目立ち始めています ➤ 特にプール、スタジオは早急にリノベーションを行う必要があると思います ➤ マシンも最新機種でグレードが高いモノへの切り替えが必要だと考えます
案件5	➤ サプリメントの強引な販売でクレームが発生した
案件9	➤ 有馬さんから有給休暇の申請が出ました ➤ テニスは、慢性的な人員（インストラクター）不足で、アルバイトの桑原君の状況によっては、休校にせざるを得ませんが、どうしましょうか

着眼点

✓ 案件11のアンケート調査結果を踏まえて、案件2をすでに検討した
✓ 実際には、帰国後の対応になるが、ここではこのアンケート調査結果を大まかに整理・分析したい

当店への不満・要望を整理・分析すると

	不満・要望	着眼・要因
ソフト面	古参会員が我が物顔をする	店舗側でコントロール可能な問題か？ 教育や施設の利用ルール見直しの検討
	マシンの待ち時間	
	音楽がうるさい	
	快適な環境の維持	
	フロント　慣れ慣れしい	接客技術や基本姿勢に問題か？
	スタッフの雑談や私語が多い	
	会員対応の充実	
	適切な技術指導	インストラクターとしての指導力が不足しているか？個別要望への対応をどうするか？
	会員の希望に即した効果的な指導	
	説明できないスタッフ	
	サプリメントの強引な売り込み	販売方法等の問題
	休校が多い（テニス）	慢性的な人員不足
	料金の引き下げ	価格勝負はできれば避けたい
ハード面	マシンの待ち時間	台数の問題か？ 運用の工夫で解決できないか？
	マシンのグレードアップ	どのマシンのグレードアップが要望されているのか？
	有酸素マシンの充実	
	施設が古い	今後、情報収集や分析を行い迅速に意思決定する
	施設のリノベーション	
	快適な環境の維持	
	ホットスタジオ	

対応策のポイント

　対応としては、以下のようなことが考えられます。

（今後の心づもりとして、以下のメモを残す）

- ✧ 重要課題として「会員様の満足度のアップおよび不満解消」
  をあげており、この解決を目指したい
- ✧ アンケート調査結果を整理・分析すると、大きく分けて、ソフト面とハード面の課題がある
- ✧ ソフト面では、運用面や、スタッフの接客技術、基本姿勢、技術指導などに問題がある可能性がある。また、サプリメントの販売方法や、適正人員の確保も課題と考えられる
- ✧ ハード面では、施設のリノベーションやマシンの入れ替えなどが課題となる

| 案件 12 | 指導育成報告（近藤真優） |

8/22　市原主任から薄井SMへ　（CC：向井M）
- ➤ 今年4月に入社しました近藤真優の指導育成報告
- ➤ 彼女は体育大学で、スポーツコーチングを専攻しただけあって、優秀なインストラクターだと思います
- ➤ 問題なく成長していると思います

近藤に対する所見は、以下の通りです。

項目	評点	コメント
業務知識	4	当店のフィットネス・プログラムに関する知識はほぼ修得できた、と判断いたします。
指導力	4	一人一人の状況に合わせた適切な指導ができていると思います。
接客関係	3	丁寧な言葉遣いという点ではやや物足りませんが、十分に及第点を与える事ができると思います。
勤務態度	4	勤怠は問題ありません。物販にも熱心に取り組んでいます。また改善提案なども前向きに行っています。

※評点は5点法、3点が水準点で、それを上回ると高評価。

【関連案件等】

案件1- D	ジム・施設スタッフ ➤ フィットネス 近藤真優（23歳）

案件1- E	スタッフの役割等 ➤ 入会促進および受付 ➤ カウンセリング（目標設定） ➤ トレーニングメニューの作成 ➤ トレーニング、技術指導 ➤ 食事のアドバイスおよびサプリメント等販売 ➤ マシンの使い方の簡単な説明や案内等

案件5	➤ サプリメントの強引な販売でクレームが発生した

案件7	➤ サービス見直しの提案 ➤ 日頃、客単価アップに向けて、いろいろと努力をしていますが、なかなか思うように成果に繋がりません ➤ 抜本策としてUXの向上を目指すべきだと思います。そのためには、当店のサービスの見直しが必要ではないかと思います

案件 11- B	➤ アンケート調査結果（当店への不満） ・ 説明できないスタッフ（45%） ・ サプリメントの強引な売り込み（35%） ➤ アンケート調査結果（当店への要望） ・ 会員対応の充実（46%） ・ 会員の希望に即した効果的な指導（34%） ・ 適切な技術指導（21%）

- 市原主任から、今年4月に入社した近藤真優の指導育成報告があった
- 市原主任は、「優秀なインストラクター」、「問題なく成長している」と言う。また、評点は、接客関係以外は4点を付けている
- また、「一人ひとりの状況に合わせた適切な指導ができている」、「十分に及第点を与える事ができる」とコメントする
- 一方、案件5ではクレームが発生している
- また、アンケート結果で、「説明できないスタッフ（45％）」、「会員の希望に即した効果的な指導（34％）」、「適切な技術指導（21％）」などがあがっていることから、「一人ひとりの状況に合わせた適切な指導ができている」についても、疑問を持たざるを得ない（但し、近藤のことを指しているかは不明）
    - → これらのことから、市原主任の近藤に対する評価は認識がかなり違っている可能性があると考えられる
    - → 認識が違っていれば、適切な指導ができない（しない）
    - → このような認識の違いや、市原主任の指導力不足が、近藤のサプリメントの販売に関わるクレームを発生させた真因と考えることもできる。さらに言えば、アンケート結果（不満や要望）の要因に繋がっている可能性もある

対応策のポイント

対応としては、以下のようなことが考えられます。

- ✧ 帰国後、市原主任と面談し、部下指導について話し合う
- ✧ 以下を、事前に準備しておくように指示する
    - どのような基準に基づいて、部下指導を行っているのか
    - 教育指導方法や体制

- アンケート結果（案件 11- B）に対する見解
- 今回の近藤のクレーム（案件5）に対する見解
- サプリメントの販売についての考え方、ノルマ、目標、インセンティブなど

❖ 市原主任と面談し、現状を確認の上、問題があれば解決し、クレームの再発防止や会員満足度の向上を目指す

このような対応をとるための指示や連絡などを各方面へ出します。

さて、次は部下や他部署などに指示や依頼を出す際の留意点について見ていきます。

7. 指示や依頼を出す際の留意点

さて、第3章のマネジメントの定義のところで書きましたが、管理職・リーダーは「人や組織を通じて成果を出す」ことが求められます。

それを実現するためには、指示や依頼の出し方にも留意をする必要があります。

自分が考えたことや計画したことを、自分で実行するのであれば、（結果や成果はともかく）ほぼ意図した通りに動くことはできると思います。

しかし、自分以外の人に指示や依頼をするとなると、自分の意図した通りに動いてもらうことは、難易度が高まります。

それはどうしてでしょうか？

それは同じ事実や情報でも、受け手の解釈によって他のものに変わってしまうことがあるためです。

また、受け手によって価値観、考え方、能力、性格などが違いますし、モチベーションも異なるためです。加えて、感情も影響するためです。簡単には、動いてもらえないのです。

コラム

伝言ゲームをされたことはありますか。

「伝言ゲーム」は、複数の人が一列になり、列の先頭の人に元の言葉（情報）を耳打ちで伝えます。その後、先頭の人は2番目の人に同様にその言葉を耳打ちで伝えます。それを最後の人に伝えるまで繰り返し、最後の人は自分が聞いた言葉を発表するというゲームです。

このゲームをすると、ごく簡単な言葉でも意外なほど正確に伝わらないことが分かります。

（1）指示や依頼を出す際の留意点

　部下や周囲（上司、他部署）に指示や依頼を出す際の留意点を以下にまとめました。

目的や狙いを書く（言う）	（例：「自分は○○したいので」、「今回はこの件を最優先でやりたいので」など書く） 「何のために、いつ、どうしてほしい」などを明確にして伝えれば、相手はある程度、あなたが求めている意図やねらいを想像することができ、動きやすくなります。
ポイントを分かりやすく書く（言う）	冗長な話や長文の文書は何を言われ（書かれ）ているのか分からない場合があります。 発信する（発する）前に、もう一度読み返してポイントが分かるか相手目線で確認することが効果的です。 特に長文の文書は、要点が不明確になりがちです。なるべく、短文や箇条書きを使った方がより理解しやすくなります。
相手が質問しやすいように配慮をする	（例：「不明な点があれば、遠慮なく聞いてください」など書く） 上司・部下間、先輩・後輩間では、意味が分からない場合でも、質問をしにくい場合があります。立場が違えば相手は聞きにくいこともあります。
複数回に分けて丁寧に説明する	一度言えば相手は理解するはずだと思うのは危険です。相手はそう簡単に理解してくれないものです。不明な点があれば、何度でも丁寧に説明する姿勢が必要です。もし相手が分かっていなさそうな場合は、根気よく複数回に分けて丁寧に説明をしてください。

電子メール（SNSなど含む）での指示は特に注意	電子メールなどの場合は、相手の反応（疑問がある。困っているなど）が分かりませんので、最初からより丁寧で分かりやすい文書を心がけてください。
上から目線の言葉（文書）はNG	（例：「○○の件、至急よろしく」、「大至急対応すること」、「○○すること！」など） たとえ、相手が部下や後輩、年下であっても、あまりにも上から目線で（偉そうに）指示されると相手は面白くはありません。 「偉そうに言う方が、威厳がありそうで、相手は言うことを聞くのでは」と思われている方も時々いますが、実際にはそんなことは全くありません。ちょっとした言葉一つで、相手のモチベーションは下がります。 相手が誰であろうと、なるべく丁寧な言い方を心がけてください。
相手の能力や経験を踏まえて指示や依頼をする	新人、中堅、ベテランなど、相手の経験や能力を踏まえて指示をする必要があります。 レベルに合わせた適切な指示をしないと、以下のような問題が起こる可能性があります。 ・遅れ、失敗、ミス、漏れ、仕事の精度の低下 ・部下のモチベーションが下がる ・信頼関係が崩壊する（築けない）　など
相手の性格を踏まえて指示や依頼をする	例えば、気が弱い方や慎重な方に対しては、「上司である自分が責任をとるので心配しないで実施してほしい」、「何か心配なことがあれば、いつでも相談してください」など伝えます。 一方、拙速でミスが多い方に対しては、「慎重に対応してください」とか、「途中で報告を入れながら進めてください」などを付け加えます。

169

相手が上司や他部署の人間の場合は配慮を	相手が上司や他部署の人間の場合には、丁寧な言葉使いや、相手の立場や状況への配慮が必要になります。
相手のモチベーションへの配慮や工夫も必要	部下は、あなたが組織から預かっている一人ひとりの大切な人間です。感情もありますし、プライドもあります。また、人から認められたい、褒められたいという渇望を持っています。 したがって、状況に応じて感謝やねぎらいの言葉も発信することが必要です。
失礼な言い方はNG	たとえ、相手が部下であっても、また、相手に非があったり、問題があったりする場合でも、失礼な言い方をすると、相手も感情的になり、結果として理解や協力を得ることができなくなることがあります。
自分（自部署）の都合ばかり強調しすぎない	例えば、他部署に業務を依頼する場合などに、自部署の都合（納期、緊急事態、クレームなど）ばかりを強調してはいけません。他部署には他部署の都合がありますので、あまりにも一方的に自部署の都合ばかりを強調されると、他部署の人間に不快な感情が芽生えてもおかしくありません。

　さて、次は案件1、案件8を見ていきますが、上記の「指示や依頼を出す際の留意点」などをご参考にしてください。まずは案件1です。

案件 1	未処理メールおよび関係資料の送信の件

9/1 須藤主任から水野SMへ （CC：向井M）

➣ 薄井SMの未処理と思われるメールと関係資料を送らせていただきます。また、お仕事の参考になればと思い、最小限必要と思われる資料も添付させていただきます

➣ 明日は早めに出社しますので、何か指示がございましたら何なりとお申しつけください

➣ 健康にはくれぐれもご留意ください。ご着任をお待ちしています

➣ あと、先ほど伊藤登志子様からお電話がありました。サブ・マネージャーが交代して、水野サブ・マネージャーが着任するのが1週間後になる旨をお伝えしました。私には具体的な事はおっしゃいませんでしたが、お急ぎの様子でした

【関連案件等】

案件1-D	店舗管理・フロントスタッフ ➣ 主任 須藤麻衣（32歳）
案件3	➣ 新聞折り込みチラシの件で相談あり
案件5	➣ U年8月22日、伊藤登志子さんが、店舗マネージャー目安箱にクレームレターを投函した

着眼点

✓ 未処理メールおよび関係資料などの送信があった

✓ 自分への気遣いの言葉があった

✓ 伊藤登志子様からお電話があり、お急ぎの様子とのこと

対応策のポイント

対応としては、以下のようなことが考えられます。

- ✧ 初めての接触なので着任の挨拶が必要
- ✧ 未処理メールおよび関係資料などの送信に対するお礼を伝える
- ✧ 自分への配慮へのお礼
- ✧ 今後の協力を要請する
- ✧ 伊藤登志子様の件について、了解した旨を伝える

　このような対応をとるために、以下のメール（参考例）を、須藤主任へ出します。

案件1-A	須藤主任
	ＣＣ：向井Ｍ
5	お疲れ様です。この度、緊急な人事異動でＴプラーザ店のサブ・マネージャーを務めることになりました。今後はよろしくお願いします。
	さて、迅速に薄井ＳＭの未処理メールや関係資料などをお送りいただきまして、ありがとうございます。
	また、私へのご配慮の言葉もいただき感謝いたします。気をつけて行ってまいります。
	今後は、須藤主任はじめ、Ｔプラーザ店の全スタッフのご協力をいただきながら、会員満足度の向上や、当店の業績向上に向けて全力を尽くしていきたいと思います。

	なお、伊藤登志子様の件につきましては、承知いたしました。伊藤様には先ほどメール配信しましたとおり、お詫びの手紙を出させていただきます。 須藤主任におかれましても、伊藤様のお顔を見かけた際には、ご配慮をお願いいたします。 今後とも、お力を貸していただきますよう、どうぞ、よろしくお願いいたします。 <div style="text-align:right">水野礼</div>

さて、次は案件8です。

案件8	競合他社の情報

【フィットネスクラブ上位企業　売上高推移】　　（単位：百万円）

会社名	S年3月期	T年3月期	U年3月期
A社	68,000	66,000	64,000
B社	52,000	53,000	54,000
C社	46,000	46,000	47,000
D社	37,000	37,000	38,000

（U年3月現在）

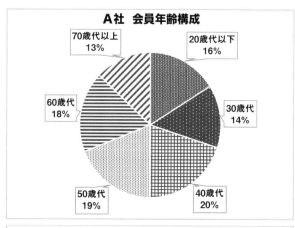

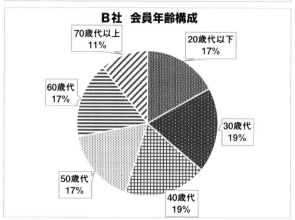

【関連案件等】

指示書 参考情報 2	➣ 既存大手事業者はリノベーションや新しい業態やサービスの拡充に取り組んで対抗している ➣ フィットネスクラブの市場規模（売上高）および施設数の推移はともに増加傾向
案件2-B	➣ M小杉店、センターK店の業績は良い ➣ M小杉店、センターK店では、数年前にリノベーションを実施している ➣ S横浜店の業績は悪化傾向
案件4	➣ 新規開業店やリノベーションを行った周囲の競合店では、新規会員の獲得に成功していると聞きます
案件 10	➣ 最近よく自宅のポストに複数のフィットネスクラブのチラシが入るようになりました（価格面のアピールが多い）
案件 11-B	➣ アンケート調査結果（当店への不満） 施設が古い（26%）、その他サービスなどソフト面への不満が多い ➣ アンケート調査結果（当店への要望） 施設のリノベーション（29%）やマシンのグレードアップ（16%）などハード面の要望がある一方、サービスなどソフト面への要望も多い

- ✓ これらのデータを活用して、案件２で示した方向性、業績改善に向けた取り組みに活かしていきたい
- ✓ フィットネスクラブの市場規模（売上高）および施設数の推移はともに増加傾向にある
- ✓ 既存大手事業者はリノベーションや新しい業態やサービスの拡充に取り組んで対抗している
- ✓【フィットネスクラブ上位企業　売上高推移】を見ると、Ａ社以外は、概ね売上高が上向きである
- ✓ Ａ社とＢ社の「会員年齢構成」のグラフを見比べると、Ｂ社の方が若い年齢層の構成が高いことが分かる
  - → 若い年齢層の構成が高い方が、業績が良いのか？
  - → 売上高の推移との因果関係を確認するためには、他のデータが必要
    例えば、Ｃ社、Ｄ社、当社全体、Ｔプラーザ店、Ｍ小杉店、Ｓ横浜店、センターＫ店の年齢構成のデータ
- ✓ Ａ社、Ｂ社、Ｃ社、Ｄ社それぞれの利益状況、会員数、客単価などの推移も知りたい
- ✓ Ａ社、Ｂ社、Ｃ社、Ｄ社それぞれの得意分野やサービスも知りたい

対応策のポイント

　対応としては、以下のメール（参考例）をマーケティング部の佐藤氏に出します。

案件 8	マーケティング部佐藤様
	ＣＣ：向井Ｍ
	お疲れ様です。先ほど、Ｔプラーザ店のサブ・マネージャー
指示書	の職を命じられました。今後よろしくお願いします。
案件 2	さて、フィットネスクラブ上位企業の各種のデータをお
	送りいただきまして、ありがとうございます。
4	これらの貴重な情報を生かして、Ｔプラーザ店の業績改善、
10	ひいては会社の発展につなげていきたいと存じます。
11	なお、大変お手数ですが、以下の資料も入手可能でした
	ら、お願いいたします。

- Ｃ社、Ｄ社の年齢構成のデータ
- Ａ社、Ｂ社、Ｃ社、Ｄ社それぞれの利益状況、会員数、客単価などの推移
- Ａ社、Ｂ社、Ｃ社、Ｄ社それぞれの得意分野やサービス、リノベーション状況
- 当社全体、Ｔプラーザ店、Ｍ小杉店、Ｓ横浜店、センターＫ店の年齢、男女、コース等の構成のデータ
- Ｍ小杉店とセンターＫ店のリノベーション前から現在までの実績推移（会員数、売上高、客単価等）の時系列データ（月次）
- フィットネスクラブ市場の今後の予測、動向

Ｔプラーザ店業績改善のための分析に活用したいと思います。ご無理を言って申し訳ございませんが、できれば来週中位を目処にいただけますと助かります。

今後とも精一杯役割を果たしていく所存でございます。ご指導のほど、どうぞよろしくお願いいたします。

水野礼

※他部署の人に対して、配慮した文面になっていると思います。

さて、次は成果管理について見ていきます。

8．成果管理

（1）ＰＤＣＡの管理サイクルで成果を出し続けよう

　第3章のマネジメントの定義は、以下でした。

「マネジメントとは、組織の目標を達成するために経営資源を最も効果的・効率的に活用し人を通じて成果をあげることである」

　日々、地道に成果を積み重ねることが、組織目標の達成に繋がります。

　管理職・リーダーは、目標達成や問題解決に向けて計画した実施事項や日常の業務をしっかりと管理することで、確実に成果獲得に繋げていくことが大切です。

　計画した実施事項や日々の業務の進捗や結果を管理しないと、折角計画したことが、実行されなかったり、思い通りの成果に結びつかなかったりすることになります。

　業務を管理する際の重要な考え方が、ＰＤＣＡの管理サイクルです。これは、確実に成果を出し続けるための重要な考え方であり、仕組みです。

（※ＰＤＣＡとは、「Ｐｌａｎ＝計画」「Ｄｏ＝実行」「Ｃｈｅｃｋ＝評価」「Ａｃｔｉｏｎ＝改善」の4つの英単語の頭文字のことをいいます。）

　月並みなキーワードですが、この"ＰＤＣＡの管理サイクル"で業務を回すことを組織のメンバーに浸透させ、組織の中に根付かせることが、成果を出し続ける仕組み作りとなります。

（2）納期設定で確実な成果獲得を

　ビジネスでは**納期**や**期限**が重要です。

　納品する日、提出日、報告日、契約日、完成する日、結論を出す日、

発表する日などさまざまですが、ビジネスでは必ず付いて回ります。マネジメントの際には、**必ず納期や期限を頭に入れて行動すること**が大切です。

　例えば、部下に報告を求めたり、何らかの実施を指示したりする場合には、必ず納期（提出日、実施日）を決めることが必要です。

　納期を決めなければ、仕事がいつ終わるかは、相手次第ということになります。後回しにされたり、実行されなかったりする場合もあり得ます。

　　指示や依頼をする際には、必ず「納期」や「期限」を設定し、管理するようにしてください。

（3）サポート・支援体制まで考える

　また、きちんと指示や依頼をしたとしても、要求したとおりに仕事が実行されるかどうか不安な場合もあります。

　例えば、経験が不足する人、能力に疑問がある人、優柔不断で先送りが多いタイプの人などに指示を出す場合です。

　このような場合は、何らかのサポート・支援体制などを手配することが必要です。

　例えば、案件9の参考回答例（150ページ）では、「もし、有馬さんの理解を得られない場合は、向井Mに相談して指示を仰いでください」と書き、想定通りにいかない場合のサポート・支援体制を講じました。

　成果を確実に出すためには、このようなサポート・支援体制を考えて、手配することも必要になります。

　では、案件の解説に戻りましょう。

　案件6を見ていきます。ここで書いたことを意識しながら参考にしてください。

案件6	学内合同企業説明会開催の件

8/ 1　H体育大学　学生支援センターから　（書面）
- 本学では学生のインターシップも兼ねた仕事体験（アルバイトも含む）を推奨しています
- 標記の合同企業説明会を下記のとおり開催したいと存じます
- 地域事業者様限定で本学学生とマッチングさせていただきます
- 参加ご希望の場合は、来る9月5日までに参加人数のご連絡をお願いいたします
  1. 日　　時　　U年9月16日（火）10〜15時
  2. 場　　所　　H体育大学　横浜北校舎　第1講堂
  3. 対　　象　　地元企業・事業者様
  4. 参 加 費　　無料

【関連案件等】

指示書 参考情報2	- 慢性的な人材（特にインストラクター）不足が共通の課題と言われている
案件1-F	U年9月　Tプラーザ店予定表 - 9月16日は、エリア会議　13時〜
案件9	- テニスは、慢性的な人員（インストラクター）不足で、アルバイトの桑原君の状況によっては、休校にせざるを得ませんが、どうしましょうか
案件11-B	- アンケート調査結果（当店への不満） 　・　休校が多い（テニス）（23%）

- ✓ 期日が、9月5日までと決まっているので、すぐの対応が求められる
- ✓ スタッフの業務状況については現段階では不明なため、明日以降、いずれかの主任にH体育大学　学生支援センターに連絡をさせる
- ✓ H体育大学で、学内合同企業説明会が、U年9月16日（火）の10〜15時に開催される
- ✓ 地域事業者様限定で本学学生とマッチングさせていただきます
- ✓ 本学では学生のインターシップも兼ねた仕事体験（アルバイトも含む）を推奨している
- ✓ 慢性的な人材（特にインストラクター）不足が共通の課題と言われている
- ✓ Tプラーザ店においても、テニスは慢性的な人員（インストラクター）不足で、休校も発生している
- ✓ 結果、会員の不満に繋がっている
- ✓ このような状況を考えると、必ず参加したい
- ✓ しかし、9月16日はエリア会議があり、水野SMは参加予定

それらを踏まえて、次ページのメール（参考例）を2人の主任および向井Mへ出します。

案件 6 指示書 案件 1 9 11	市原主任、須藤主任 ＣＣ：向井Ｍ お疲れ様です。（※すでに他のメールで挨拶済み） さて早速ですが、添付の文書の通り、Ｈ体育大学において「学内合同企業説明会」がＵ年９月16日（火）の10〜15時に開催される案内が来ました。私としては、現状の人員不足を解消するためにも、ぜひ参加したいと考えましたが、あいにく、その日はエリア会議と重なってしまって参加することができません。そこで市原主任、須藤主任のいずれかに参加をお願いしたいと思います。（※２人とも参加が不可の場合は他の社員も含めて人選してください。）なお、当日の貴職らの業務状況が分かりませんので、それぞれ日程確認および調整の上、９月５日までに、Ｈ体育大学学生支援センター宛に参加人数（１名）の連絡をしてください。取りまとめおよび参加連絡は、代表して須藤主任にお願いいたします。私宛に結果報告もお願いいたします。 同説明会では、インターシップも兼ねた仕事体験（アルバイトも含む）を大いにＰＲして、アルバイト（特にテニス）の採用にもつなげていただければと思います。須藤主任には、学生に当店をアピールするための資料作成もお願いいたします。帰国後に、一緒に内容を確認させていただきます。 大変お手数ですが、よろしくお願いいたします。 <div align="right">水野礼</div>

第5章

部下育成力が問われる面接演習

Ⅰ．部下面接の重要性

1．部下面接の重要性

　部下との面接（コミュニケーション）を通じた意思疎通や指導は、管理職・リーダーにとって非常に重要な仕事です。

　例えば、インバスケット演習などの中で考えた問題解決の施策を実施する場合、周囲にあなたの考えやプランなどを説明し理解・納得してもらう必要があります。

　その場合、会議や朝夕礼などの場で、多数のメンバーに対して説明・プレゼンテーションという形でそれらを行うことが多いと思います。また、メールなどを活用して指示することもあると思います。一方、相手が受け入れ難いことなどを説得する際には、個別面接を通じて理解や納得を求めたり、落としどころを探ったりすることになります。

　会議や朝夕礼などの場で、あなたが自分の方針や施策を説明し、その実行を指示すれば、メンバーがあなたの思うように完ぺきに動いてくれれば良いのですが、そう簡単に人は動いてくれません。

　簡単に動いてくれるのであれば、世の会社や組織のパフォーマンスはもっと上がるはずです。また、納期遅れ、品質悪化、パワハラなどの問題やトラブルはもっと少ないはずです。しかし、実際にはパフォーマンスが上がらないことや、問題、トラブルはいたる所で起きています。

　一方的に説明や指示をするだけでは、組織や人は動いてくれません。やはり、最終的は面接や話し合いという場面を利用して、相手に理解や納得を求めたり、相手の言い分も受け止めたりしながら落としどころを探っていくような取り組みもしないと、人や組織を上

手く動かすことはできません。

　そういう意味では、管理職・リーダーにとって、面接などの場面を活用して、組織の方針や自身の考え方の浸透を図ることは重要な行動です。

　面接場面におけるコミュニケーション能力のレベルアップは管理職・リーダーに不可欠です。高いコミュニケーション能力を保持しているかどうかは、成果が上がる上司と、成果が上がらない上司との分岐点の１つになります。成果とは、業績だけではなく、人材育成や組織の活性化なども含みます。

２．部下面接の場面

　組織や企業における部下との面接は、以下のようにさまざまなシチュエーションで実施されます。
- 人事考課 …目標設定、中間、フィードバックなどの面接
- 日常 ………定期・定例、業績確認、進捗確認などの面接
- 問題解決 …相談、指導、注意、叱る、ヒアリングなどの面接

　それぞれの目的や状況に応じた面接スキル（能力）が必要になります。例えば、正確に情報を伝える能力、分かりやすく説明する能力、相手の話を正確に理解する能力、相手の気持ちを受け止める能力などです。

　本書では、問題を抱える部下に対する状況設定の中で、上司として部下面接をするというケース（面接演習課題）を用意しています。
　可能であれば、職場の方など、どなたかに部下役になっていただき実際にロールプレイングに取り組んでいただければと思います。その場合は、部下役用のマニュアルを用意していますので、ご活用ください。

一方、それが難しいという方は、この面接演習で「想定される会話　例」（＝「面接演習でよくありがちな“やり取り”（例）」）、およびその解説を掲載しますので、それを読んで理解を深めていただくことができます。しかし、読んだだけでは能力を身につけることは難しいと思いますので、確実な能力アップを目指す方は、本書で学んだことを職場などで実際に試してみることをおすすめします。最初は上手くいかなくても、繰り返し経験を積めば確実に能力アップに繋がります。

　それでは、次ページ以降で本書掲載の面接演習課題への取り組み方を説明させていただきます。

Ⅱ．面接演習課題

1．面接演習の取り組み方

> ※ 190 ～ 191 ページの「面接演習課題」、192 ～ 194 ページの「面接演習部下役マニュアル」は、コピーして使っていただいても構いません。

　面接演習は、できれば、どなたかに部下役（相手役）をやっていただき、ロールプレイングをしていただくとより効果的に学ぶことができます。

　部下役の方のために、「面接演習　部下役マニュアル」を用意しました。部下役の方は、「面接演習課題」および「面接演習　部下役マニュアル」の両方をあらかじめ読んでいただき、上司役との面接に臨んでください。

　その際、可能であればビデオカメラやスマートフォン等で、上司役の様子を動画撮影してください。

　（注）なお、<u>できれば上司役をする方は、最初は「面接演習　部下役マニュアル」や 195 ページ以降の解説を見ないで取り組んでいただく</u>ことをおすすめいたします。

【取り組み方】

（上司役）

　190 ページの面接演習課題では、あなたに**<u>信用金庫のチームリーダー</u>**の役割を担っていただきます。<u>名前はあなたの**実名**で臨んでください。</u>

　<u>部下役（相手役）は入庫 5 年目の職員である**河井知也**です。</u>

　まずは、面接演習課題を読み込み、部下面接の準備（計画など）

をしてください。準備時間は 10 分間です。計画は何かメモ用紙（コピー用紙等）に書いていただいても、面接演習課題に書き込んでいただいても構いません。（※ただし、書き込む場合は、コピーをとってからが良いと思います。）

（部下役）

部下役の方は、「面接演習課題」および「面接演習　部下役マニュアル」の両方をあらかじめ読んでいただき、気持ちも含めて部下役（相手役）になりきって、上司役との面接に臨んでください。

※こちらは、10 分間では足りませんので、十分に時間を確保して、面接の準備をしてください。

（事前の準備物）

- 面接演習課題、面接演習部下役マニュアル
- メモ用紙、筆記用具、タイマー
- 机（2つ）、イス（2つ）
- ビデオカメラ（スマートフォン）、三脚等

（※ビデオ等の操作は部下役あるいは第3者が行うことをおすすめいたします）

【席の配置】

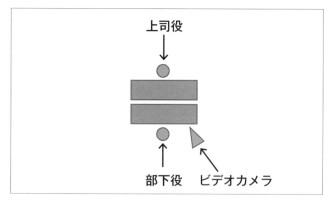

上司役

部下役　ビデオカメラ

（注）机が近すぎますと威圧感がありますので、可能であれば机は

２つ程度ご用意してください。

（面接演習スタート）

①タイマー（10分間）セット　→　スタート

②動画録画セット　→スタート

①、②が完了したら、お互い席に座って面接演習をスタートしてください。お互いに、役割になりきって臨んでください。

２．面接演習の取り組み後

面接演習の取り組み後は、お互いに感想・意見交換することをおすすめいたします。３人以上で練習する場合は、グループで意見交換しても良いと思います。

その際、動画を撮影しておくと、再生してご自身の面接場面を見ることができます。それを見ることで、上司役をやられた方は、さまざまな気づきがあるはずです。

面接演習終了後に、動画を見る際は、「面接演習振り返りシート」を末章に付録として掲載していますので、ご活用ください。
（コピーして使っていただいても構いません。）

感想・意見交換する場合は、部下、上司のそれぞれの立場や目線で意見交換すると勉強になると思います。

さて、それでは準備ができましたら面接演習をスタートしてください。

面接演習　課題
（ライフ信用金庫　チームリーダー）

　この演習であなたは「ライフ信用金庫」のチームリーダーの役割を担います。あなたは大学卒業後、すぐにライフ信用金庫に入庫し、以来一貫して営業畑を歩んできました。すでに３店舗を経験し、つい先日昇格し、世田谷支店の営業課第２チーム（部下５名）のチームリーダーとして転勤してきました。世田谷区は、富裕層が多く住む街としても知られています。店舗開店以来、経営理念である「地域密着。地元の資金は地元に還元」に基づいて営業展開し、この地域における信頼と実績を着実に高めてきました。しかし、長引く低金利や顧客層の高齢化により収益環境は厳しさを増しています。

　あなたは、世田谷支店に着任した際に、藤岡支店長から「最近の厳しい金融情勢は君も知っての通りだ。当金庫としても、顧客ニーズの変化に対応しながら、同時に戦力のアップを図っていく必要がある。君には、当面は部下の仕事ぶりをよく把握しチームとしての結束を強化し、チーム力の底上げを図ってほしい。そして、君の力で前任者の成績を上回るように努力をしてほしい。君ならできる！」と励まされました。

　着任から３日経ち、あなたは、早速部下のことをよく知るために、まずは第２チームの職員と個別面接を行うことにしました。これから面接をする河井知也は、入庫５年目の職員です。前職は、食品メーカーに勤めていました。前任からの情報によると、彼は、外向的な性格で、爽やかなスポーツマン的な人材である。一方、自分が気の進まないことには腰が重い部分もある。また、管理面がおざなりになることもあるとのことでした。具体的には、信用金庫の基本商品である預金や融資の契約は抜群の成績を残すが、反面、本部から店舗毎に割り当てられる各種のキャンペーン（保険、ローンカード、クレジットカードなどの販売）には協力的ではない。また、定期預金の満期のご案内や手続きなどのサービスを積極的に行わず、担当

する大口のお客様からクレームが入ることも度々あるとのことでした。それから、毎週月曜日の朝までに提出が義務づけられている週間業務報告書の提出の遅れが目立つ。しかし、本人は一向に気に留めていない様子とのことでした。

これから面接を行いますが、所用のため、この話し合いの時間は10分間ほどしかとれません。あなたは河井との話し合いで、以下の事に力点を置き、チームの結束強化とチーム力の底上げを図っていきたいと思っています。

1. 各種のキャンペーンに協力させる
2. 定期預金の満期のご案内や手続き、報告書の提出など管理面を強化させる

ライフ信用金庫の概要

□ 資金量　　約3兆円の大手信用金庫
□ 設立　　　1948年
□ 店舗　　　約80の本支店（東京都、神奈川県中心）
□ 経営理念　「地域密着。地元の資金は地元に還元」
□ 収益環境は厳しく、他の金融機関との統合話が出ている

河井知也のプロフィール

- 年齢31歳、勤続年数5年、未婚
- 趣味は、登山、サッカー観戦
- 中学・高校時代に、剣道部に所属していたスポーツマン
- より大きな仕事をしたいと考え、信用金庫へ転職した
- さっぱりとした性格、一方、自分流で仕事を進めたいタイプ
- 成果獲得意欲は、人一倍強い
- 前期の人事考課における評価は、【目標達成度】【商品知識】などは高いが、【協調性】などは低い結果になっている

面接演習　部下役マニュアル

面接演習の相手役（部下役）をする方は、このマニュアルを読み込み、気持ちも含めて相手役（河井知也）になりきって、上司役（チームリーダー）との面接に臨んでください。

その際、可能であればビデオカメラやスマートフォン等で、上司役の様子を動画撮影してください。

（注）なお、できれば上司役をする方は、最初はこのマニュアルを見ないで取り組んでいただくことをおすすめいたします。

1. あなた（河井知也）の所属・仕事
- 所属：ライフ信用金庫 世田谷支店 営業課第2チーム
- 仕事：営業（部下なし）、担当エリアを持ち、預金、融資の契約
およびび管理の他、保険、各種カードの販売など

2. あなたのプロフィール概要
- 年齢31歳、勤続年数5年、未婚
- 趣味は、登山、サッカー観戦
- 中学・高校時代に、剣道部に所属していたスポーツマン
- より大きな仕事をしたいと考え、信用金庫へ転職した
- さっぱりとした性格、一方、自分流で仕事を進めたいタイプ
- 成果獲得意欲は、人一倍強い
- 前期の人事考課における評価は、【目標達成度】【商品知識】などは高いが、【協調性】などは低い結果になっている

3. あなたの問題行動（……前上司の評判、口コミ）
- 自分が気の進まないことには、腰が重い部分もある
- 管理面が苦手（おざなりになることもある）

- 店舗毎に割り当てられる各種のキャンペーン（保険、ローンカード、クレジットカードなどの販売）には協力的ではない
- 定期預金の満期のご案内や手続きなどのサービスを失念し、担当する大口のお客様からクレームが入ることも度々ある
- 毎週月曜日の朝までに提出が義務づけられている週間業務報告書の提出の遅れが目立つ

4. あなたの胸の内
- 自分はより大きな仕事をしたいと考え、信用金庫へ転職した
- 例えば、商店街や地域を盛り上げて地域発展に貢献すること。地域のベンチャー企業やスタートアップを支援して成長させる。生活者の資産形成を支援して幸せ作りに貢献するなど
- そのため、正直言って細かな仕事にはあまり興味がない
- キャンペーンは、通常お客様にお得なサービスを提供する取り組みのはずだ。前職食品メーカーではそうだった。しかし、当金庫のキャンペーンはお客様より当金庫の都合が優先されているように感じられ、納得がいかない。そのため協力する気はしない
- それで、協調性がないと言われても困る
- チームリーダーは、当金庫のキャンペーンについて、どう思っているのか聞いてみたい
- 自分は、信用金庫の本来業務である預金や融資の契約は抜群の成績を残しているはずだ
- 定期預金は、基本的には全て自動更新になっているので、特に手続き（※署名、押印、記帳など）は必要ない
- 今どき、そこまでサービスをしている金融機関はない。上（本部や上司）は考え方が古いのでは？
- 一方、昔からの取引先はこれまでの慣行でその都度、満期の手続きをするものと思い込んでいる。また、その都度、粗品などを欲しがる。特に対応をしないことも多いので、催促の

連絡が来ることはある。しかし、クレームと言うのは少し大げさな感じがする。その場合は、粗品を持ってお詫びと手続きを行っているので、それで事は済んでいると思う

- 自分は5年目で、最近はいろいろと仕事（日々の訪問件数、融資手続きなど）が忙しくなってきているので、定期預金の満期の管理や手続き、週間業務報告書の作成などを行う時間をなかなか確保することができないのも事実
- 部下もいないので、全部自分でやるしかない
- 成績も上げろ、管理もしっかりとしろと言われても限界がある
- チームワークを大切にしろと言うが、自分は人に依存せずに、これまで独立独歩で動いてきた。営業なので結局は自分が努力するしかないと思う
- 趣味のサッカーの話を例に挙げて、同じようにチームワークを大切にしろと言われてもピンとこない。趣味はサッカー観戦であって、自分がやるわけではない
- 面接というが、新しいチームリーダーが、一方的にうるさく言うなら、協力はしたくなくなるだろう
- 自分の話を聞いてくれて、理解を示してくれるなら、協力しても良いかなと思う

面接演習の解説

Ⅲ．面接演習の振り返り

面接演習に取り組んでいただいた方、大変お疲れ様でした。

ここからは、取り組んでいただきました面接演習「ライフ信用金庫　チームリーダー」（以下、「本面接演習」といいます。）を題材にして、面接演習の場面において、よくありがちな上司役と部下役との"やり取り"の例を紹介させていただくとともに、その"やり取り"（例）の解説をしていきます。

（面接演習のロールプレイングをされた方）

ご自身の面接でのやり取りと、【面接演習でよくありがちな"やり取り"（例)】とを比較していただき、同様な部分、違う部分などを確認してみてください。

1．面接演習でよくありがちな "やり取り"（例）

【面接演習でよくありがちな "やり取り"（例）】

【はじまり】

上司：「それでは面接をはじめます。時間は10分間しかないけど、よろしくお願いいたします」

（上司も、部下も少し緊張気味の表情）

部下：「はい。よろしくお願いいたします」

上司：「日頃、預金や融資の契約については、抜群の成績を残してもらって、ありがとうございます」

部下：「ありがとうございます」

上司：「あの〜、ところで今日は2点話があります。1点目は各種のキャンペーン（保険とかローンカードとか）についてです。もう1点は管理面についてです。よろしいでしょうか」

部下：「はい」

（部下：少し警戒する表情を浮かべる）

上司：「まずは、各種のキャンペーンなんだけど……、あなたが、あまり協力的ではないと聞いたんだけど。どうしてかな？私としては、チームとして結束してやっていきたいと思っているので、各種のキャンペーンには協力してほしい。……それと、定期預金の満期の管理などがおざなりになっていて、大口のお客様からのクレームが入ることも度々あると聞きました。また、週間業務報告書の提出の遅れが目立つとの報告も受けています。やはり、お客様へのご案内や手続き、報告書の提出などの管理面も積極的、かつキチンとやってほしいと思います。どうですか？」

（部下：少し面白くなさそうな表情を浮かべる）

部下：「えっ、クレームですか？　そんな大げさな話ではないと

　　　　思いますよ」

上司：「でも、実際に大口のお客様からクレームが度々入ると聞
　　　　きました」

部下：「そう言われましても、私としては認識が違います。また、
　　　　定期預金は、基本的には全て自動更新になっていますの
　　　　で、特に手続きは必要ないと思っています」

上司：「でも、お客様はそれを求めているので、今後はキチンとやっ
　　　　てほしい。あっ、それから週間業務報告書の提出はいつ
　　　　までか知っていますか？」

部下：「月曜日の朝だと思います」

上司：「そうです。今後は必ず毎週月曜日の朝までに提出をして
　　　　ください」

部下：「そう言われましても……」

（部下：少し困った表情を浮かべる）

上司：「何で、出せないの？　何か理由はありますか？」

部下：「そうですね。最近は仕事が忙しくて、なかなか週間業務
　　　　報告書の提出が間に合わなくなっています」

上司：「忙しいのが理由ですね。じゃあ、仕事の優先順位をつけ
　　　　て週間業務報告書は期限内に提出できるように工夫をし
　　　　てください。チームで仕事をしているので、あなただけ
　　　　が週間業務報告書を提出しないと困るんです。チームの
　　　　みんなも出しているので、みんなに合わせてほしい」

（部下：少し怒った表情を浮かべる）

部下：「あの。スミマセン。みんなとは一緒にされたくないんで
　　　　すけど……」

上司：「とにかく、週間業務報告書の提出は月曜日の朝までとい
　　　　うルールになっているので、今後は必ず期限を守るよう
　　　　にしてください」

部下：「………」

（部下：納得できない表情を浮かべる）

上司：「それから、最近の金融情勢が厳しいことは、あなたも知っ
　　　てますよね？……今後は、当金庫としても、顧客ニーズ
　　　の変化に対応しながら、同時に戦力アップを図っていく
　　　必要があります。そのためには、チームとしての結束を
　　　強化してチーム力の底上げを図る必要があります。これ
　　　については、どう思いますか？……なので、あなたにも、
　　　店舗ごとに割り当てられている各種のキャンペーンに協
　　　力してほしいんです。これについては、どう思いますか？」

（部下：話が長くなるにつれて、疲れた表情を浮かべる）

部下：「え？　何をお答えすればよろしいでしょうか？」

（上司：その反応に驚く）

上司：「えっ」

部下：「いくつか質問があったので、何について答えれば良いのか、
　　　分からなかったので」

上司：「ああ、各種のキャンペーンに協力してほしい。これにつ
　　　いてはどうですか？」

部下：「あっ、キャンペーンですね。……キャンペーンは、正直言っ
　　　てあまり気乗りがしないんですよ」

上司：「えっ、気乗りしない？でもキャンペーンは本部から店舗毎に割
　　　り当てられてチームでやっていることなので、支店ではこれを
　　　やらなければなりません。あなたも積極的に協力をしてほしい」

部下：「そう言われましても……」

（部下：何か言いたげな表情を浮かべる）

（上司：しかし、その表情には気づかずそのまま話を続ける）

上司：「あなたは、預金や融資の契約についての成績が抜群に良く
　　　て、人事考課でも目標達成度や商品知識は評価が高い。一
　　　方、協調性は低い結果になっています。このあたりはもった
　　　いないと思います。キャンペーンに協力すれば、このあたりが

良くなると思います。また、あなたの将来のためにもなると思います。ところで、あなたは将来管理職になってさらに活躍するなどのビジョンはありませんか?」

部下:「今は、あまり考えたことはありません」

上司:「そうですか。そろそろ考えた方が良いと思いますよ」

部下:「そうなんですね」

上司:「まっ、とにかく、キャンペーンへの協力も、今後お願いいたします」

部下:「でも、あんまり気乗りしないんですよね………」

(部下:納得できない表情を浮かべる)

(上司:時間がまだ少し残っていることに気がつく)

上司:「あっ、ところで、登山やサッカー観戦が趣味なんだって?」

部下:「そうですよ」

上司:「どの程度、やっているの?」

部下:「あくまで、趣味でやっている範囲です」

上司:「でね。サッカーが趣味なら、チームワークとかが大切な事は理解できると思うけど。職場もサッカーと同じで、チームのメンバーの結束が強いチームほど、良い成績も出せると思います。どう思いますか?」

部下:「私の趣味はサッカー観戦なので、あまりピンときませんね。自分は人に依存しないでこれまでも独立独歩で動いてきましたし、営業なので結局は自分が努力するしかないと思います。急にチームワークが大切だと言われても、申し訳ありませんがピンときません」

上司:「…………」

(上司:絶句……)

(ここで終了のタイマーが鳴る)

【終了】

2．"やり取り"（例）の解説

　197 〜 200 ページで紹介しました面接演習のやり取り（例）は、実際にありがちな<u>良くない例</u>として紹介しました。

　しかし、多くの方は多かれ少なかれ、ほぼこのようなやり取りをします。また、このような話を繰り返している内に、10 分間が経ってしまい面接は終了します。

　部下面接は、それぞれの目的や状況に応じて適切な対応をしていく必要があります。本面接演習では、問題を抱える部下に対する状況設定の中での面接でした。

　この場合、どのような考え方や行動が必要なのかを見ていきたいと思います。また、やり取り（例）を活用して、何がマズイのか、どうすれば良かったのかなどについても触れていきます。

　あなた自身の日頃の考え方や着眼点、コミュニケーションと比較をしていただき、相違点や不足する部分があるかを確認してみてください。もし、それらがあるのであれば、それを現時点での課題として認識いただき、今後の啓発や行動変容に繋げていただければと思います。

　それでは、具体的に見ていきます。

まずは、冒頭部分です。

上司：「それでは面接をはじめます。時間は10分間しかないけど、よろしくお願いいたします」

（上司も、部下も少し緊張気味の表情）

部下：「はい。よろしくお願いいたします」

上司：「<u>日頃、預金や融資の契約については、抜群の成績を残してもらって、ありがとうございます</u>」

部下：「ありがとうございます」

上司：「<u>あの〜、ところで今日は2点話があります</u>。1点目は各種のキャンペーン（保険とかローンカードとか）についてです。もう1点は管理面についてです。よろしいでしょうか」

部下：「はい」

（部下：少し警戒する表情を浮かべる）

どうでしょうか。この入り方は？

　上司：「<u>日頃、預金や融資の契約については、抜群の成績を残してもらって、ありがとうございます</u>」

　冒頭、部下の良い部分を具体的に示して、「ありがとうございます」と感謝の言葉を述べたことは良かったと思います。

部下はなぜ？少し警戒する表情を浮かべたのでしょうか？

　部下：「ありがとうございます」の直後に、すぐに本題（下線部分）に入っています。その後、かなり具体的な部分に単刀直入に踏み込みました。結果として、部下は何か叱られるのではないかと思い、"少し警戒する表情を浮かべる"ことに繋がったのだと思います。

本面接演習の状況設定はどうだったでしょうか？

　あなたは、つい先日昇格し、世田谷支店の営業課第２チームのチームリーダーとして転勤してきました。そして、着任から３日経ったところで、早速部下のことをよく知るために河井さんと個別面接をすることにしました。

　また、以下の事に力点を置き、チームの結束強化とチーム力の底上げを図っていきたいと思っています。

　　１. 各種のキャンペーンに協力させる
　　２. 定期預金の満期のご案内や手続き、報告書の提出など管理面を強化させる

　マネジメントの各場面において、大切なことは"目的"です。それはインバスケット演習においても、面接演習においても同様です。何のためにするのかを常に念頭に置くことが必要です。

あなたは、この10分間の面接場面で何を目的に設定して、面接に臨みましたか？

　本面接演習の状況設定の中での目的は、以下の事項が特に挙げられると思います。

　　◇ チームの結束強化とチーム力の底上げを図る
　　◇ 各種のキャンペーンに協力させる
　　◇ 定期預金の手続きや報告書など管理面を強化させる
　　◇ 部下のことをよく知る

しかし、これらだけが目的で良いでしょうか？

本面接演習には直接の記載はありませんが、部下との関係について言えば、以下の事が管理職・リーダーの重要な使命です。

【重要な使命】
　　✧ 部下の育成
　　✧ 部下のモチベーションのアップ・維持
　　✧ 部下の支援・サポート
　　✧ 部下との信頼関係の構築および維持

　管理職・リーダーは、これらのことを常に念頭に置きながら部下と関わらなければなりません。勿論、面接演習の場面においても同様です。

　本面接演習においても、頭の片隅にでも上述の【重要な使命】があれば、対応も違うものになるはずです。

　一方、これらを忘れて、あるいは全く念頭になく、"各種のキャンペーンに協力させる"などだけに思いが傾注しすぎると、その方向に突き進んでしまうことになりがちです。これは、使命に忠実な方や真面目な方であればあるほど、そのような傾向があります。

　管理職・リーダーは、日頃から必ず上述の【重要な使命】を念頭に置いて、部下と接することが必要です。

　もし、【重要な使命】が念頭にあれば、世田谷支店に着任して3日経った時点での面接において、まずは"部下との信頼関係を構築する"ということも目的にして面接に臨むと思います。

　そうすれば、冒頭の入り方も、もう少し違ったものになるはずです。

例えば、以下のようなやり取りになります。

上司：「日頃、預金や融資の契約については、抜群の成績を残し
　　　　てもらって、ありがとうございます」
部下：「ありがとうございます」
（この後に、さらに以下のようなやり取りが入る）
上司：「ところで、河井さんは、登山やサッカー観戦が趣味と聞
　　　　いたんですが、最近もやっているんですか？」
部下：「そうですね」
上司：「へえー。登山は楽しいですか？」
部下：「楽しいですね」
上司：「どの辺りに、行くんですか？」
部下：「群馬県とか、長野県あたりが多いですね」
　　　………… 中略 …………
上司：「なるほど。河井さんはスポーツマンなんですね。今度、
　　　　また詳しく教えてください」
部下：「わかりました」
（上司も、部下も笑顔が出る）
　　　……少し間を置いてから
上司：「ところで、……

　部下と初めて面接するという場面では、お互いに緊張するのは普通のことです。そのような場面では、お互いに話しやすい環境を作ることがまず大切な事です。話しやすい環境を作れば、その後の会話はスムーズに展開しやすくなります。また、お互い胸襟を開いたコミュニケーションにも繋がりやすくなります。

アイスブレイクを活用する

話しやすい環境を作るためには、いわゆる "アイスブレイク" という手法（初対面の人間同士が集まった時などに、その緊張をときほぐすための手法）を使うのが有効です。

例えば、世間話や趣味の話、また相手の得意な事について褒めたり、尋ねたりして、できれば笑顔が出るような会話をします。

前ページの例でも、登山やサッカー観戦など趣味の話を持ち出して、友好的な雰囲気に繋げようとしています。

そして、その後に、少し間を置いてから本題に移ろうとしています。

アイスブレイクは、【重要な使命】の内、部下のモチベーションアップや、部下との信頼関係の構築などにプラスに働く効果が期待できます。

また、その後の話をスムーズに展開することに繋がります。

面接演習では、いろいろなタイプの方がいます。

【形だけのアイスブレイクをする方】

(例)

上司:「最近ゴルフ始めたんだって？」

部下:「はい。始めました」

上司:「へえ〜。スコアーはいくつ位で回るの？」

部下:「いや〜。全然下手で 120 くらいですかね」

上司:「そうなんだ」

(この間 0.2 秒＝すぐさま)

上司:「ところで、本題なんだけどさ。・・・」

(部下の内心：何だ、形だけか)

※アイスブレイクを有効に完了させるためには、少し間を取っ
　てから、次の話題に移ることがポイントです。

【アイブレイク中心の方】

また、たまにアイスブレイクだけで終わってしまう方もいま
す。このような方は、人はとても良く、雰囲気作りは上手いの
ですが、本題を話す時間がほとんどなく終わってしまいます。
部下から見ても、この時間はいったい何の時間だったのか疑問
に思います。

アイスブレイクの目的は、緊張緩和や雰囲気作りですので、そ
の目的が達成されれば、本題に入っていくべきでしょう。

◎ここでのポイントは、<u>目的の設定</u>と<u>アイスブレイクの活用</u>でした。

さて、次の部分を見ていきます。

上司：「まずは、<u>各種のキャンペーンなんだけど・・・、あなたが、あまり協力的ではないと聞いたんだけど。どうしてかな？</u>私としては、チームとして結束してやっていきたいと思っているので、各種のキャンペーンには協力してほしい。・・・それと、定期預金の満期の管理などがおざなりになっていて、大口のお客様からのクレームが入ることも度々あると聞きました。また、週間業務報告書の提出の遅れが目立つとの報告も受けています。やはり、<u>お客様へのご案内や手続き、報告書の提出などの管理面も積極的、かつキチンとやってほしいと思います。どうですか？</u>」

（部下：少し面白くなさそうな表情を浮かべる）

部下：「えっ、クレームですか？そんな大げさな話ではないと思いますよ」

上司：「でも、実際に大口のお客様からクレームが度々入ると聞きました」

部下：「そう言われましても、私としては認識が違います。また、定期預金は、基本的には全て自動更新になっていますので、特に手続きは必要ないと思っています」

上司：「でも、<u>お客様はそれを求めているので、今後はキチンとやってほしい。あっ、それから週間業務報告書の提出はいつまでか知っていますか？</u>」

部下はなぜ、少し面白くなさそうな表情を浮かべたのでしょうか？

- ✧ 転勤してきたばかりの（人間関係もできていない）上司に、いきなり文句を言われ、面白くないと感じた
- ✧「あなた」と呼ばれ、距離を置かれていると感じた（河井さんと名前で呼ぶ方が親近感を抱きます）
- ✧ キャンペーン、定期預金の管理、また週間業務報告書と矢継ぎ早に、かつこちらの事情も知らないくせに一方的に言われ面白くないと感じた（一つ一つ丁寧に言ってほしい）
- ✧ 自分ではクレームだと思っていないのに、決めつけて言われ面白くないと感じた（こちらの事情なども聞いてほしい）

このような事が、面白くないと感じた理由だと思われます。
→モチベーションや信頼関係にマイナス効果をもたらす可能性があります。

そして、その後の「そう言われましても、私としては認識が違います」という反論に繋がっています。

以下の部分のやり取りはどう思いますか？

部下：「そう言われましても、私としては認識が違います。また、定期預金は、基本的には全て自動更新になっていますので、特に手続きは必要ないと思っています」

上司：「でも、お客様はそれを求めているので、今後はキチンとやってほしい。あっ、それから週間業務報告書の提出はいつまでか知っていますか？」

上記のやり取りは、部下の反論に対して、「でも」という言葉で切り返し、「お客様はそれを求めているので、今後はキチンとやってほしい」と自分の主張（言い分）を強引に押し通そうとしています。

　また、「あっ、それから週間業務報告書の提出はいつまでか知っていますか？」と言い、話を切り替えました。

「でも」とか「しかし」という言葉は、相手の言い分を否定することになります。しかも、話を切り替えられていますので、部下の立場からすると、自分の主張は無視されたことになります。

（部下の立場で考えてみると）

- ✧ 自分の言い分を否定されたと感じた
- ✧ また、自分の主張は無視されたと感じた
- ✧ 自分の言い分や話を全然聞いてくれない上司だと感じた

　→育成、モチベーションや信頼関係にマイナス効果をもたらす可能性があります。

　上司は、自分の要望や言い分だけを部下に話すのではなく、部下の言い分なども受け止めながら、話を進める必要があります。

「そう言われましても、私としては認識が違います」と部下が言うのであれば、一旦立ち止まって、「認識が違っている？河井さんは、どのように認識しているんですか？」などと質問をして相手の言い分にも耳を傾ける必要があります。

　そうすれば、相手は自分の考え方を話す機会が与えられ、思いや事情、経緯などを話すことができます。

　そうすることで、相互理解に繋がることもあります。

　一方、認識が違うまま、話を前に進めたとしても部下の納得を引

き出すことは難しいでしょう。

思い込み・決めつけに注意！

面接演習では、A4、1〜2枚の課題シートを読み込み、計画（作戦）を立てて面接に臨みますが、課題シートに書かれていることをそのまま思い込んだり、決めつけてかかったりする方も多いです。

実際の職場でも、人の噂、前任者からの人事情報の引き継ぎなど、さまざまな情報が入ってきますが、これらが真実や事実とは限りません。ある誰かが主観で発言したこと、書いたことかもしれません。

特に機微な情報は、ご自身が慎重に直接確認することをおすすめいたします。

そうしないと、信頼関係が築けなかったり、トラブルになったりすることになりかねません。

本面接演習においても、河井さんは不満に思ったようです。

相手の表情・ボディランゲージにも注意を払う

上記の例で、（部下：少し面白くなさそうな表情を浮かべる）という記述がありますが、このような表情にも注意を払いながら面接を進める必要があります。"目は口ほどに物をいう"という諺があります。言葉だけではなく、相手の表情や態度からも思いや気持ちなどを感じとることが必要です。そうしないと、正確に相手のことや状況を把握することができません。面白くなさそうな表情をしているということは、何らかのメッセージがそこにはあるのです。

感情と論理、あなたはどちらを重視しますか？

先ほどのやり取りの例でも、一方的な面はあるものの上司は正論を言っています。

しかし、理屈が正しいから（正論だから）といって、人は納得するかと言えば、必ずしも納得しません。いくら理屈が正しくても、感情面で面白くなければ、受け入れ難くなります。

一方、理屈は納得できなくても、この人から言われるなら仕方がない。受け入れます。ということもあります。

（あなたも、このような経験はありませんか？）

そういう意味では、まずはアイスブレイクなどで信頼関係・友好関係を作り、かつ相手の感情面への配慮をしながら、面接を進めることが大切です。

◎ここでのポイントは、部下の立場で考えることが大切でした。

さらに、次の部分を見ていきます。

上司：「……あっ、それから週間業務報告書の提出はいつまでか
　　　知っていますか？」
部下：「月曜日の朝だと思います」
上司：「そうです。<u>今後は必ず毎週月曜日の朝までに提出をして
　　　ください</u>」
部下：「そう言われましても……」
（部下：<u>少し困った表情を浮かべる</u>）
上司：「<u>何で、出せないの？　何か理由はありますか？</u>」
部下：「そうですね。<u>最近は仕事が忙しくて、なかなか週間業務
　　　報告書の提出が間に合わなくなっています</u>」
上司：「<u>忙しいのが理由ですね。じゃあ、仕事の優先順位をつけ
　　　て週間業務報告書は期限内に提出できるように工夫をし
　　　てください</u>。チームで仕事をしているので、あなただけ
　　　が週間業務報告書を提出しないと困るんです。チームの
　　　みんなも出しているので、みんなに合わせてほしい」

上司：「<u>今後は必ず毎週月曜日の朝までに提出をしてください</u>」
と言い、はっきりと組織のルールを順守するように指導をしたこと
については、良いと思います。

　一方、やや拙速に話を展開させた感があり、部下の反応（少し困っ
た表情）に繋がっています。

部下はなぜ、少し困った表情を浮かべたのでしょうか？

やはり、自分の話を無視されたうえに、立て続けに質問（週間業務報告書の納期）され、それに答えると、何ら事情も聞くことなく、すぐさま、「今後は必ず毎週月曜日の朝までに提出をしてください」と言われ、困ったのだと思われます。

その後、ここでは相手の様子に気がついたのか、「何で、出せないの？何か理由はありますか？」と、週間業務報告書を提出できない理由を聞こうとしています。

その後の、以下のやり取りはどう思いますか？

> **部下：**「そうですね。<u>最近は仕事が忙しくて、なかなか週間業務報告書の提出が間に合わなくなっています</u>」
> **上司：**「<u>忙しいのが理由ですね。じゃあ、仕事の優先順位をつけて週間業務報告書は期限内に提出できるように工夫をしてください。チームで仕事をしているので、あなただけが週間業務報告書を提出しないと困るんです</u>。チームのみんなも出しているので、みんなに合わせてほしい」

週間業務報告書を提出できない理由を聞こうとしたことは良いと思います。

しかし、ここでも一方的に報告書を出すための手段を強引に押しつけています。また、自身が困る理由を伝えて相手にやらせようとしました。

第3章で、管理職・リーダーの使命の1つが問題解決であることを述べました。

本面接演習では、河井さんが各種のキャンペーンに協力的でない

ことや、定期預金や週間業務報告書などの管理面に問題があること
が問題状況という設定でした。

　管理職・リーダーであるあなたは、これらの問題状況を解決する
ことが重要な使命です。

では、問題状況を解決するためには、何が必要でしょうか？

（すでに本書で述べてきたことです）

　問題を解決するためには、
原因、背景などの情報収集と整理分析が必要です。

　153 ページの図「問題解決の思考・意思決定・実行プロセス」を再
度、ご確認ください。

　まずは、原因、背景などを情報収集することが必要ですが、

そのためには、この面接演習という場面で、どのような行動（アクション）をとることが必要でしょうか？

　答え：**質問**、相手の言い分を**聞く**ことなど

　では、なぜ、多くの方が "やり取り"（例）のような、会話になっ
てしまうのでしょうか？

　おそらく、それは自分たちの先輩や上司がそのようなやり取りを
し、自分たちもそのようなやり取りで指導されてきたためと考えら
れます。

職場における部下とのコミュニケーションのタイプを大雑把に2つに分けると、1つ目はティーチング・タイプで、2つ目はコーチング・タイプです。

　そして、面接演習の場面でもティーチング・タイプのコミュニケーションをされる方が多くいます。その理由は先ほど述べました。

　これは、ティーチング・タイプのコミュニケーションが悪いと言うことではなく、本面接演習のような問題解決をしようとする場合には、馴染まないということは言えると思います。

　やはり、問題解決をしようという場面では、コーチング・タイプのコミュニケーション・スキルが有効だと考えられます。

　是非、コーチング・タイプのコミュニケーション・スキルも身につけていただき、コミュニケーションの幅を広げてみてください。

それぞれのコミュニケーションの特徴等は、以下の通りです。

【ティーチング・タイプのコミュニケーション・スキル】

特徴	知識やスキルを持っている者が、一方的に相手に教えるコミュニケーション・スキルです。例えば、学校の先生や、集団に対してスポーツを教える際のインストラクターなど。
代表的なスキル	・伝える（言う） ・説明する ・教授する
有効な場面	・時間がない朝礼・夕礼 ・緊急性が高い時 ・説明会、プレゼンテーション ・リスクへの対応など緊急時 ・経験のない新人に指導をする時 ・対象者のスキルや能力がまだ乏しい場合に、具体的なスキルや知識を教えたい時 ・授業
メリット	・学習プロセスが明確 ・情報をすばやく大多数に提供できる ・比較的短時間で教育できる
デメリット	・指示待ちの部下をつくる ・部下の考える力を低下させる 　などの可能性があることです。

【コーチング・タイプのコミュニケーション・スキル】

特徴	人材開発の技法の一つで、対話によって問題解決や、相手の自己実現、目標達成を目指すコミュニケーション・スキルです。相手の話をよく聴い（傾聴し）たり、感じたことを伝えたり、承認したり、質問で相手に考えさせたりすることで、自発的な行動を促します。
代表的なスキル	・傾聴のスキル ・質問のスキル ・共感のスキル
有効な場面	・部下との1対1の面接時 ・相談時・苦情受付時
メリット	・部下の考える力ややる気を育てることができる ・自発的に動く（自立性が高い）人材の育成ができる ・より高いパフォーマンスを期待できる
デメリット	・緊急時の対応には適さない ・相手から引き出す時には時間を要する ・ある程度時間や労力を部下のために費やす ・新人など相手が答えを持ち合わせていない場合は使えないこともある

話を元に戻します。

上司：「何で、出せないの？ 何か理由はありますか？」
部下：「そうですね。最近は仕事が忙しくて、なかなか週間業務
　　　報告書の提出が間に合わなくなっています」
上司：「忙しいのが理由ですね。じゃあ、仕事の優先順位をつけ
　　　て週間業務報告書は期限内に提出できるように工夫をし
　　　てください」

　上記の部分で、理由を聞いたのは良かったと先ほども述べました。しかし、マズイのは相手の答えに対して、「忙しいのが理由ですね」と理由をここに特定して、すぐに解決策（＝「じゃあ、仕事の優先順位をつけて週間業務報告書は期限内に提出できるように工夫をしてください」）に向かった事です。

コラム

すぐに対策に走りがちはNG
上記の例もそうですが、事情を聞いたら、すぐに解決策に走る方がいます。特に、経験が多い方ほど、十分な検証をしないままに対策やアイディアに走りがちです。問題状況は一つひとつ違うわけですので、しっかりと確認してから、対策を考えることを、強く認識してください。

このようなやり取りをする方も非常に多いですが、どこに問題があると思いますか？

（ヒント）　154 ページの「原因の深掘り」図です

　問題を解決するためには、「なぜ、なぜ」を繰り返して、問題状況の深掘りをすることが必要ですが、前ページの例では、一度だけ理由を聞きましたが、それ以上の掘り下げ（踏み込んだ質問）がなく、問題状況の真因解明には至っていないことが問題です。

　そうなると、やり取り（例）のような解決策の提案：「仕事の優先順位をつけて週間業務報告書は期限内に提出できるように工夫をしてください」をしたとしても、それが本当に妥当な解決策かどうかは疑問ということになります。

　本面接演習の「部下対応マニュアル」を見ていただくと分かると思いますが、以下のように部下には部下の背景や事情があります。
（以下、あなたの胸の内　抜粋）

- 自分は 5 年目で、最近はいろいろと仕事（日々の訪問件数、融資手続きなど）が忙しくなってきているので、定期預金の満期の管理や手続き、週間業務報告書の作成などを行う時間をなかなか確保することができないのも事実
- 部下もいないので、全部自分でやるしかない
- 成績も上げろ。管理もしっかりとしろと言われても限界がある

　これらの情報や思いを十分に引き出してから、情報を整理分析して、解決策を導き出していくことが必要です。そうすれば、効果性が高い、かつ部下にとっても納得しやすい解決策となる可能性が高まります。また、それが管理職・リーダーの重要な使命である"部下の支援・サポート"をすることにも繋がります。

踏み込みが足りない方

いろいろと、聞かないといけないと分かっていても、もう一歩踏み込んで聞かない（けない）方も実は多いと考えられます。理由を1回聞いただけで安心しないで、さらに踏み込んだ質問で、背景や情報を引き出してください。そうすれば問題解決に繋がる可能性が高まります。

また、部下をコントロールすることに意識が行き過ぎると、部下に振り回されたくないと思い、質問を躊躇される方もいます。恐れずに、勇気を出して踏み込んでください。

※質問の事例集を239〜241ページに掲載していますので、ご参考にしてください。

もう少し踏み込んで質問をする場合、例えば、以下のようなやり取りになります。

【部下への質問で情報を掘り下げる例】

上司：「何で、出せないの？何か理由はありますか？」

部下：「そうですね。最近は仕事が忙しくて、なかなか週間業務報告書の提出が間に合わなくなっています」

（この後に、さらに以下のようなやり取りが入る）

上司：「なるほど、仕事が忙しくなっているんですね。それは主にどんなことで、忙しくなっているんですか？」

部下：「そうですね、自分は今5年目で成績をしっかりと上げることにだいぶ力を入れてやっているんです。そのため、日々の訪問件数が増えたり、融資手続きなどの業務も増えたりしています」

> 上司：「そうなんですね。それは頑張っていただき、ありがとう
>   ございます。<u>そうすると、毎日の残業なども、増えたり
>   しているんですか？</u>」
> 部下：「そうですね。結構、増えています」
> 上司：「それは、大変ですね。ところで、<u>日々の訪問件数は大体
>   どのくらいあるんですか？</u>」
> 部下：「大体、20 〜 30 件くらいです」
> 上司：「なるほど、結構行ってますね。あ、それから<u>融資の手続
>   きの業務って、具体的にはどんな仕事がありますか？</u>」
> 部下：「決算書の分析や、不動産の調査、りん議書の作成や付属
>   資料の準備などですかね」
> 上司：「そうですか。<u>それが毎日あるんですか？</u>」
> ・・・・・以下、省略・・・・

　このように、質問を重ねることで、多くの情報が出てきます。

　そうすれば、解決策はいろいろと見えてきます。

　しかも、その解決策は実態に即したものを考えることが可能となり、実現可能性を高めたり、部下の納得を得ることに繋がりやすくなります。

（注）ここで、注意したいことは、矢継ぎ早に質問をすると、尋問調になってしまいます。

　したがって、適度に間をとるとか、相手への気配りの言葉を挟むなどしながら、質問をしていきます。

　また、当然ながら、相手が話し始めたら傾聴する姿勢が必要です。そうする事で相手からの信頼感を高めることに繋がります。

◎ここでのポイントは、踏み込んだ質問で情報を引き出すことが大切でした。

さらに、次の部分を見ていきます。

上司：「忙しいのが理由ですね。じゃあ、仕事の優先順位をつけ
　　　　て週間業務報告書は期限内に提出できるように工夫をし
　　　　てください。チームで仕事をしているので、あなただけ
　　　　が週間業務報告書を提出しないと困るんです。<u>チームの
　　　　みんなも出しているので、みんなに合わせてほしい</u>」

（部下：**少し怒った表情を浮かべる**）

部下：「あの。スミマセン。<u>みんなとは一緒にされたくないんで
　　　　すけど……</u>」

上司：「<u>とにかく</u>、週間業務報告書の提出は月曜日の朝までなので、
　　　　<u>今後は必ず期限を守るようにしてください</u>」

部下：「………」

（部下：**納得できない表情を浮かべる**）

部下はなぜ、少し怒った表情を浮かべたのでしょうか？

「チームのみんなも出しているので、みんなに合わせてほしい」
　という言い方ですが、
　このような言い方もありがちですが、

（部下の立場で考えてみると）

◇ 自分は抜群の成績を残している

◇ そのための努力もしている

◇ 成績が良い反面、いろいろと仕事（日々の訪問件数、融資手
　続きなど）も増え忙しくなってきているので、報告書の提出
　が遅れる

◇ 一方、努力もあまりせず、成績も上げていない他のメンバーが、

週間業務報告書を納期に出しているからといって、そのメンバーと比較されるのは面白くない

◇ 自分だって、成績をあげる努力をやめれば、報告書の提出はできる

　部下の立場で考えると上記のような思いがあり、少し〝カチン〟ときたものと考えられます。

　そして、その後、以下のようなやり取りに繋がっていきます。

部下：「あの。スミマセン。<u>みんなとは一緒にされたくないんですけど……</u>」

上司：「<u>とにかく</u>、週間業務報告書の提出は月曜日の朝までなので、<u>今後は必ず期限を守るようにしてください</u>」

部下：「………」

（部下：<u>納得できない表情を浮かべる</u>）

　上司は、「あの。スミマセン。みんなとは一緒にされたくないんですけど……」と、部下から言われても、
「<u>とにかく</u>、週間業務報告書の提出は月曜日の朝までなので、今後は必ず期限を守るようにしてください」と、ここでも話を強引に進めようとしています。

　また、「とにかく」という言葉は、「何はともあれ」、「いずれにしても」などの意味があり、強引な印象や、自分の言うことは聞いてくれないという印象を相手に与えます。

　結果として、その後、部下は返事もせず、納得できない表情を浮かべることに繋がります。

使いがちな言葉

上記の例では、「みんなも○○しているので・・・」を紹介しましたが、この他で良く使われる言葉を紹介します。

「社としては、・・・・」

「社長の方針で、・・・・」

「ルールなので、○○してほしい」

これらの言葉を連発される方もいます。

しかし、これらの言葉だけでは、部下の心には響きません。

部下もそんな事は分かっているのです。

部下の心に響かせるためには、相手の声にも耳を傾けながら、管理職・リーダーとしてのあなたの方針や考え方「自分はこうしたい。協力してほしい」を丁寧に説明して理解を求める事が必要です。

自分の方針がない方は、つい上記のような言葉に逃げることになります。そのためにも、日頃から部下育成などの自身の方針を明確に確立しておくことが必要です。

次の部分を見ていきます。

上司：「それから、<u>最近の金融情勢が厳しいことは、あなたも知っ</u>
　　　<u>てますよね？</u>……今後は、当金庫としても、顧客ニーズ
　　　の変化に対応しながら、同時に戦力アップを図っていく
　　　必要があります。<u>そのためには、チームとしての結束を</u>
　　　<u>強化してチーム力の底上げを図る必要があります。これ</u>
　　　<u>については、どう思いますか？</u>……なので、あなたにも、
　　　<u>店舗ごとに割り当てられている各種のキャンペーンに協</u>
　　　<u>力してほしいんです。これについては、どう思いますか？</u>」
（部下：話が長くなるにつれて、疲れた表情を浮かべる）
部下：「え？ 何をお答えすればよろしいでしょうか？」
（上司：その反応に驚く）
上司：「えっ」
部下：「いくつか質問があったので、何について答えれば良いのか、
　　　分からなかったので」
上司：「ああ、各種のキャンペーンに協力してほしい。これについ
　　　いてはどうですか？」

部下はなぜ、「え？何をお答えすればよろしいでしょうか？」と言ったのでしょうか？

（答え）　話の中に３つの質問が入っていたので、何について答えれば良いのか分からなかったため。

　このような方も結構います。話が長い傾向の方にありがちです。下手をすると、自分でさえ何について聞いているのか、分からなくなっているケースもあります。

これも、先ほど述べた通り、自分たちの先輩や上司がそのような部下指導をし、自分たちもそのような形で指導されてきたため、このようなコミュニケーションになったものと考えられます。

　これは、どちらかと言うと、ティーチング・タイプのコミュニケーション・スキルです。

　やはり、問題解決をしようという場面では、聞くことや・質問中心のコーチング・タイプのコミュニケーション・スキルを取り入れてほしいと思います。

　しかし、前ページのやり取り（例）は、問題部分はあるものの「あなたにも、店舗ごとに割り当てられている各種のキャンペーンに協力してほしいんです」と自身の方針のような事を言っている部分については、良いと思います。

コラム

長々と話す方は注意

　1対1の部下との面接では、意識としては、自分2、相手8くらいのイメージでやり取りをすることをおすすめいたします。そのくらいの感覚でいても、実際には5：5くらいになるものと思います。

　話が得意な方ほど、長々と話す傾向があります。一生懸命に長く自分の要望や考え方を伝えたとしても、相手が理解してくれる、動いてくれるとは限りません。双方向性の会話で、相手の事情や考え方などを情報収集して、意見の違いや各種の問題などを乗り越えて、落としどころを探りながら、相互理解を目指してください。

次の部分を見ていきます。

上司：「ああ、<u>各種のキャンペーンに協力してほしい</u>。これについてはどうですか？」

部下：「あっ、キャンペーンですね。……キャンペーンは、<u>正直言ってあまり気乗りがしないんですよ</u>」

上司：「<u>えっ、気乗りしない？</u> でもキャンペーンは本部から店舗毎に割り当てられてチームでやっていることなので、<u>積極的に協力をしてほしい</u>」

部下：「そう言われましても・・・」

（部下：何か言いたげな表情を浮かべる）

（上司：しかし、その表情には気づかずそのまま話を続ける）

上司：「あなたは、預金や融資の契約についての成績が抜群に良くて、人事考課でも目標達成度や商品知識は評価が高い。一方、協調性は低い結果になっています。このあたりはもったいないと思います。<u>キャンペーンに協力すれば、このあたりが良くなると思います</u>。また、<u>あなたの将来のためにもなると思います</u>。<u>ところで、あなたは将来管理職になってさらに活躍するなどのビジョンはありませんか？</u>」

部下：「今は、あまり考えたことはありません」

上司：「そうですか。そろそろ考えた方が良いと思いますよ」

部下：「そうなんですね」

上司：「まっ、とにかく、キャンペーンへの協力も、今後お願いいたします」

部下：「でも、あんまり気乗りしないんですよね・・・・」

（部下：納得できない表情を浮かべる）

　上記では、部下の「キャンペーンは、正直言ってあまり気乗りがしないんですよ」という意見に対して、

「えっ、気乗りしない？でもキャンペーンは本部から店舗毎に割り当てられてチームでやっていることなので、積極的に協力をしてほしい」と、あからさまに相手を否定しないのは良かったところですが、やはり、ここでも強引に自身の思いや考えを伝えて相手にやらせようとしました。

「えっ、気乗りしない？」に続いて、「なんで、そう思うの？」とか質問をして、相手がそう考える理由を探るべきだったと思います。

　本面接演習の「部下対応マニュアル」を見ていただくと分かると思いますが、以下のように部下には部下の背景や事情があります。
（以下、あなたの胸の内　抜粋）

- キャンペーンは、通常お客様にお得なサービスを提供する取り組みのはずだ。前職食品メーカーではそうだった。しかし、当金庫のキャンペーンはお客様より当金庫の都合が優先されているように感じられ、納得がいかない。そのため協力する気はしない
- それで、協調性がないと言われても困る
- チームリーダーは、当金庫のキャンペーンについて、どう思っているのか聞いてみたい？
- 自分は、信用金庫の本来業務である預金や融資の契約は抜群の成績を残しているはずだ

　これらの情報や思いを十分に引き出して、解決方法を考えていかず、単に「本部から店舗毎に割り当てられてチームでやっていることなので、積極的に協力をしてほしい」と言うだけでは、河井さんを心から納得させることは難しいものと思われます。

そして、このような価値観や考え方の違いは、同じ組織の人間同士でもあり得ることです。このような場面で使える必要なスキルは、コーチング・タイプの中にあった**共感のスキル**です。

　共感のスキルを活用したやり取り（例）を紹介します。

　例えば、以下のようなやり取りになります。

【共感のスキルを活用したやり取りの例】

> 上司：「ああ、各種のキャンペーンに協力してほしい。これについてはどうですか？」
>
> 部下：「あっ、キャンペーンですね。……キャンペーンは、正直言ってあまり気乗りがしないんですよ」
>
> 上司：「気乗りがしない。河井さんは、どうしてそう思うのですか？」
>
> 部下：「私は、キャンペーンは通常お客様にお得なサービスを提供する取り組みだと思っています。少なくとも前職の食品メーカーではそうでした。一方、当金庫のキャンペーンはお客様より当金庫の都合が優先されているように感じられるため、納得がいかないんです。なので、正直言ってあまり気乗りがしないんですよ」
>
> 上司：「なるほど。そう思っているんですね。……ところで、どのあたりが当金庫の都合が優先されているように思うんですか？」
>
> 部下：「それは、特典などお客様のメリットがほとんど無く、当金庫の数字獲得がメインの目的のような気がしています」
>
> 上司：「なるほどね～。そう感じているんだ。……」

　上記の例の中の下線部分が共感の言葉です。

一方、やり取り（例）では、共感的な反応は示さずに、人事考課の話を持ち出して、それでなんとか協力をさせようとしています。

　また、突然、将来のビジョンの話を持ち出して、そちらからもなんとか協力を取り付けようとしています。

　このように、人事考課の話を持ち出して、説き伏せようとする方もたまにいますが、これは部下とのディール（取り引き）をしようとしているのと同じです。確かに、人事権や人事考課権は上司にありますが、それを振りかざして部下を動かそうとするのは、本当の信頼関係には繋がらないものと思われます。

　また、それでは根本的な問題解決には至らない可能性があります。

　案の定、部下からは「今は、あまり考えたことはありません」と素っ気ない返答がありました。

　そして最後は以下のように、いつものパターンで、強引に協力をお願いする形に戻っています。

　結果、部下の納得できない表情に繋がっています。

上司：「まっ、とにかく、キャンペーンへの協力も、今後お願いいたします」

部下：「でも、あんまり気乗りしないんですよね・・・・」

（部下：納得できない表情を浮かべる）

> 部下：「そう言われましても・・・」
>
> **（部下：何か言いたげな表情を浮かべる）**
>
> **（上司：しかし、その表情には気づかずそのまま話を続ける）**
>
> 上司：「あなたは、預金や融資の契約についての成績が抜群に良
> くて、人事考課でも目標達成度や商品知識は評価が高い。
> 一方、協調性は低い結果になっています。このあたりは
> もったいないと思います。キャンペーンに協力すれば、
> このあたりが良くなると思います。また、あなたの将来
> のためにもなると思います。ところで、あなたは将来管
> 理職になってさらに活躍するなどのビジョンはありませ
> んか？」

　また、上記の下線部分ですが、

　部下が何か言いたげな表情を浮かべたことに気づかなかったこと
も、このような話の展開になった要因になります。

　気がついていれば、相手に話をさせたり、質問をしたりしたかも
しれません。

　やはり、部下の様子や反応（ボディランゲージも含めて）を、しっ
かりと確認しながら面接を進めることも必要です。

◎ここでのポイントは、**相手の価値観や考え方に共感反応を示し、
受け止めながら話を進める**ことが大切でした。

では、次の部分を見ていきます。

（上司：時間がまだ少し残っていることに気がつく）

上司：「あっ、ところで、登山やサッカー観戦が趣味なんだって？」

部下：「そうですよ」

上司：「どの程度、やっているの？」

部下：「あくまで、趣味でやっている範囲です」

上司：「でね。サッカーが趣味なら、チームワークとかが大切な事は理解できると思うけど。職場もサッカーと同じで、チームのメンバーの結束が強いチームほど、良い成績も出せると思います。どう思いますか？」

部下：「私の趣味はサッカー観戦なので、あまりピンときませんね。自分は人に依存しないでこれまでも独立独歩で動いてきましたし、営業なので結局は自分が努力するしかないと思います。急にチームワークが大切だと言われても、申し訳ありませんがピンときません」

上司：「・・・・・」

（上司：絶句・・・）

　ここまでのやり取りは、話の広がりを欠き、また深まらず、堂々巡りを繰り返してきました。ふと、まだ時間が少しあることに気がつき、情報にあったサッカーの話を持ち出しました。

　この情報を活用するなら、面接の最初の導入場面でアイスブレイクの材料として持ち出せば良かったのですが、このような方もたまにいます。

　しかも、このやり取りでは、雰囲気作りに活用するのではなく、サッカーの話材からチームワークの話に展開させて、なんとかチームワークについての理解につなげようと目論んだようです。

しかし、ここでも相手の状況を確認する前に、自分の思い込みで一方的に話を展開したため、相手から、「私の趣味はサッカー観戦なので、あまりピンときませんね」と切り返され、上司の絶句に繋がっています。

　ここまで、面接演習で、よくありがちな上司役と部下役との"やり取り"の例を解説させていただきました。

　かなり厳しいコメントと思われた方もいるかもしれませんが、部下目線で捉えるとこのような評価になります。

　そして、一生懸命に役割や使命を果たそうとする方、真面目な方ほど、このようなやり取りに陥りがちです。

　しかし、部下は他人であるため、相手目線でやり取りを考えないと、部下の納得感を引き出したり、問題解決に繋げたりすることができません。

　日頃は、人事権や上下関係があるため、なかなかこのようにストレートな反応が返ってくることはないかもしれません。

　しかし、表面上、分かったような顔、納得したような態度をしていても、本当はそうではないこともあるはずです。

　そのあたりを、冷静に見極めていかないと、部下の育成やモチベーションアップなどの管理職・リーダーの重要な使命を果たしていくことはできないものと思います。

部下のレベルに合わせた指導を

面接演習で部下のレベルに合わせて指導をしていないケースも時々あります。例えば、「なんで会社は利益が必要か分かりますか？」と聞くなど、新入社員に言うようなことを中堅社員に対して言及する方がいます。

しかし、部下からすれば「そんな事は分かってますよ。自分は何年目の社員だと思っているんだろう。この上司はピントがズレてるな！」と心の中で思ったりします。

部下の成熟度ごとのリーダーシップ・スタイル

　169ページの「相手の能力や経験を踏まえて指示や依頼をする」のところで少し触れましたが、部下に働きかける際には、相手のレベルに合わせた関わり方が必要です。

　1977年にハーシィとブランチャードが提唱したＳＬ理論（Situational Leadership Theory）では、「部下の成熟度によって、有効なリーダーシップ・スタイルが異なる」とされています。

　ＳＬ理論では、部下の成熟度に応じて次ページのようなリーダーシップ・スタイルが望ましいとしています。

【ＳＬ理論のリーダーシップ・スタイル】

リーダーシップスタイル	内容
教示的リーダーシップ	部下の成熟度が低い場合（新入社員、経験のない仕事など） より具体的な指示をしながら、業務を事細かに管理監督します。
説得的リーダーシップ	部下が成熟度を高めてきた場合 上司の考えを説明し部下の疑問に答えながら業務を進めます。その際、部下に考えさせたり意見を求めたりします。
参加的リーダーシップ	さらに部下の成熟度が高まった場合や、業務の実情を自分と同じ程度知っている中堅社員などの場合 部下を認めて意見を聞きながら、部下が自分で決められるように仕向けます。
委任的リーダーシップ **（エンパワーメント型）**	部下が完全に自立性を高めてきた場合や、業務の実情に関して自分より詳しいベテラン社員などの場合 部下に業務遂行の権限や責任を委譲し、極力管理しないようにします。

　レベルに合わせた適切な関わり方をしないと、以下のような問題が起こる可能性があります。

　　❖ 遅れ、失敗、ミス、漏れ、仕事の精度の低下

　　❖ 部下のモチベーションの低下

　　❖ 信頼関係の崩壊（構築できない）　など

コミュニケーション・スキルの
まとめ

Ⅳ. 役立つコミュニケーション・スキル

1. 質問のスキル

　上司は、部下から必要な情報を引き出したり、自主性を促したりするために、相手や状況に応じた適切な質問を投げかけていくことが必要です。

　ワンパターンではなく、多彩な質問を投げかけることでスムーズに情報収集や部下育成ができます。また、質問は尋問にならないように、"間をとる"などの工夫が必要です。

【質問の種類】

【クローズ質問】 YesかNoかで答えるものや、答えが一言で言える質問	・いつ？　　　　　　　　・誰が？ ・何時頃でしたか？ ・場所はどこですか？　等 ※意識をしないとクローズ質問ばかりを使いがちになるので、注意が必要です。
【オープン質問】 上記以外の質問 どのように、どうして、(Why、How)などの質問	・どう思いますか？ ・もう少し詳しく聞かせてくれますか？ ・何でそうなったのですか? ・それはなぜですか?　等 話がフラットで自由になり、より広い情報収集が期待できます。また相手の自主性が尊重される質問です。

質問の事例集
【クローズ質問の事例集】

誰が
いつ
どこで
何を
いくら
いくつ
効果があるとすれば何ですか
今日はどこに行きますか
仕事は慣れましたか
学んだことはありますか
何か思いつかなかったですか
分かりますか
それで大丈夫ですか
何が好きですか
あの時、何を思いました
なぜ、こうするのか分かりますか
後日、その結果を教えてくれますか
この会社に入って何年になりますか
これまで、どんな仕事をしてきましたか
どうしたらよいか、もう少し考えてみませんか
自分に一番合っている仕事は何だと思いますか
いつまでだったらできますか
こうなったのはいつからですか
何時頃に終わりますか
家族は何人ですか
お客様はどのくらいいますか
その後は何をしていますか
どれくらい時間はかかりますか
○の把握はできていますか
それで大丈夫だと思いますか
その結果、上手くいきましたか
それでよいですか
今回は、満足度で言えば何点ですか

【オープン質問の事例集】

なぜ
理由は
どのように
どういうこと
どうして
それで
具体的に言うと
というと
つまり
うちの職場を見ていてどう思いますか
何をしていったらよいと思いますか
どこまでできましたか
何で
何で、そうなったと思いますか
何で、そう思ったんですか
○さんが部長（相手）だとしたら、どう思いますか
もし自分がお客様だったら、どう考えますか
もしそれをしたら、結果はどうなりますか
何か別の意見はありますか
1年後の○さんだったら、今の○さんにどんなことを言いますか
5年後の自分だったらどうしますか
どうしたらよいと思いますか
どうしよう
○さんなら、どうしますか
○さんは、これについてどう思いますか
どう考えますか
どう思っているか教えてくれますか
何か気がついたことはありますか
何かありますか
なるほど！他に気がつくことはありませんか
他にもありますか
それは面白いね。他にもありますか
なぜ、そう思ったのですか
へえ、その時どう思いました

もう少し詳しく教えてくれませんか
へえ、なぜそう思うようになったのですか
理由を教えてもらえますか
こういう条件を加味して考えると、どうなりますか
○になった場合は、どう対応しますか
どんな工夫をしたんですか
私は○と感じましたが、○さんはどう感じましたか
どうやったら、お客様は喜んでくれると思いますか
とりあえず、○のことは忘れて自由に考えてみましょうか
一体、何が原因だと思う？○さんの考えを聞かせてくれませんか
○ということは考えられませんか
何か良い案はありませんか
別の方法も、いくつか挙げてくれませんか
それを実行する上で、障害になりそうなことはありますか
次回、どうしたら上手くいくと思いますか
何か悩みがあれば、話してくれませんか
具体的には、どんなことをしていますか
その結果、どうなりましたか
今の仕事のどこに問題がありますか
仕事でこだわっていることは何ですか
どうすれば目標達成できると思いますか

コラム

実際に声に出して何度も練習してみてください！

本書では、実践的なマネジメントを学習していただいています。

上記の事例集にある"質問例"は、できれば何度もお経のように唱えていただいて身につけていただきたいと思います。

そうすれば、現場ですぐに使え、会話が広がると思います。

頭で理解したり、「そういうことね」と知っているだけでは、現場では使えません。自身が「使える」レベルにすることが必要です。

質問すると相手が動いてくれる

もう30年くらい前の話になりますが、私が組織人だった頃、上司との面接の席でのやり取りです。

上司：「あなたには、もう少し今の部署（システム関係）で経験を積んでもらおうと思っています」

私：「そうなんですね」

（**内心**：営業の部署での経験を積みたいと思っている）

私：「あのー。質問をしてよろしいですか」

上司：「ああ、いいよ」

私：「将来は営業をやってみたいと考えているんですが、将来を考えたとき、もう少し後から営業をやるのと、早めに営業をやるのとどちらが良いですかね？」

上司：「……。それは、営業は若い内に経験した方がよいと思います」

私：「そうなんですね」

　　…………以下省略…………

結果として、本当は、その時の部署（システム関係）にもう何年か在籍するはずだったのが、一転してその後の人事異動で私は営業の仕事に配属されました。

これは、私が質問をして、上司が「それは、営業は若い内に経験した方がよいと思います」という言葉を発してしまったため、上司に責任が生じてしまったことが大きな要因だったと、私は今でも考えています。

このように質問のパワーというのは、時にすごい威力を発揮します。人間は自分で発した言葉には、責任を感じるものだと思います。上手く活用できれば、部下だけではなく、上司や経営者のことも動かすことができます。

2．傾聴のスキル

　傾聴とは、"黙って聴く"という受動的な行為ではなく、相手の言いたいことや訴えたい気持ちをつかむ、積極的で能動的なスキルです。

　傾聴されると、相手は自分が尊重されていると感じて、聴き手に対して信頼感を持ちます。その結果、防衛する気持ちが減り、言いにくいと思っていたことや、抑えていた本当の気持ちや考えを話してくれるようになります。

【効果】

自分が尊重されていると感じ、聴き手に対する信頼感が生じる

↓

防衛する気持ちが減る

↓

本当の気持ちや考え、言いにくいことを話しやすくなる

↓

聴き手は、話し手の本心や事実をつかむことができる

【傾聴のスキルのポイント】

スキル	ポイント
①共感	うなずき、あいづち、共感の言葉、気持ちも聴く
②受容	ありのまま、最後まで聴く、テンポ、素直に、視線
③尊重	一人の人間（社員）として尊重
④明確化	相手に明確な表現を促す
⑤繰り返し	重要なキーワードや感情がこもった表現を繰り返す
⑥要約	重要な部分、要点をまとめて復唱
⑦沈黙の処理	「そう」、「それで」、「それから」

信頼関係を築くためには傾聴が第一

私は、研修講師やコンサルティングの仕事をしているため、経営者、管理職、社員さんなど様々な方々とこれまで面談や面接を数多く実施してきました。

面接をするとき、一番強く意識していることは、まずは相手の話を良く聴くことです。これは初対面や信頼関係がないと思われる場面ほど重視します。

時には、何らかの問題があると言われている社員さんとの面接を依頼される場合もあります。そのような時もまずは相手の考えや言い分をしっかりと傾聴して、受け止めることを意識しています。結果として、最初は敵対的だった方と打ち解けることができたり、ほとんどお話をしない方が話してくれたりして、問題を解決する事ができたという経験が沢山あります。

傾聴というのは、人間関係を築くために非常に有効なコミュニケーション・スキルであることを、そのような実体験から私は確信しています。

３．共感のスキル

【共感の言葉の例】

「なるほど。そう思っているんですね」

「なるほどね〜。そう感じているんだ。・・・」

「それは辛かったね」「大変な思いをしましたね」「そうだったんだ」

「大変だったね」「そうですね」

【共感のボディランゲージ】

　うなずき、あいづち、気持ちも聴く表情、真剣な表情、優しい表情

「共感」と「同感」の違いは分かりますか？

　同感は、あなたと「全く一緒」

　　　　あなたと「同じ意見」

　共感は、あなたの言っていることは「理解しました」

　　　　あなたがそう思っていることは「理解しました」

　多くの方が、この違いを理解していません。そうすると、面接演習に出てくるような少し問題状況を抱えている部下に対して、共感的な反応を示すことができません。

　この同感と共感の違いが分かると、どのような相手にも"共感"を示すことができます。まして、同じ組織で働く部下に対して共感できないはずがありません。

　先ほども述べましたが、同じ組織の人間でも、**微妙に価値観や考え方**は違うものです。自分とは違った価値観や考え方であったとし

ても共感はできます。共感的な反応を示しながら信頼関係の構築や維持に役立てていただければと思います。

第5章・部下育成力が問われる面接演習

4．承認のスキル

　承認は、ありのままの存在を受け止め、敬意を伝えます。
　次の３つを認めることがポイントです。

①存在承認
　存在自体を承認します。
　目を見る、うなずく、意見を聞く、相談に乗る、挨拶する、名前
　を呼ぶ、仕事を任せるなど相手の存在を承認します。

②行動承認
　相手が行った行動に対して承認します。
　部下の前向きな変化なども具体的に声がけするとよいでしょう。
　③の結果だけではなく、プロセスをしっかり承認することで、相
　手に自信を与えたり、モチベーションを高めたりすることができ
　ます。

③結果承認
　相手が行動し、得た成果や結果を承認します。

【承認の言葉の例】
　そうだね！　ここが良かった！　さすがだね！　えらいなー！
　仕事が丁寧だね！　仕事が早いね！君がいてくれるおかげで心強
　いよ！　素晴らしい結果だったね！　など

5．非言語（ボディランゲージなど）も大切

　2人の間でのコミュニケーションでは、言葉によって伝えられるメッセージは全体の35％に過ぎず、残りの65％は、話し方、態度、動作、ジェスチャーなどの言葉以外（非言語）の手段によって伝えられると言われています。

　このことは、いかに非言語の要素（ボディランゲージ等）が私たちのコミュニケーションに影響を与えているかを示しています。

【ボディランゲージ等のポイント】

	動作等	与えるメッセージ、印象
姿勢	前のめり	意欲的、前向き、熱心
	猫背	緊張感が足りない
	ふんぞり返る	威張っている、威圧的
	腰が引けている	当事者意識が低い、恐れてる
	笑顔	友好的、好意、明るい、優しさ
表情	こわばる	緊張感
	にらむ	怒り、憤り、威嚇
	目線を合わせない	緊張、自信がない
	目線が落ち着かない	緊張、あせり、高揚感
	眉間にしわを寄せる	怒り、猜疑心
ボディランゲージ	足を組む	リラックス、優位に立とうとしている
	腕を組む	拒否、防御、威嚇、困惑
	身振り手振りが多い	熱心、エネルギッシュ
	肘をつく	飽きている、だらけている
	手で顔を押さえる	疑問、批判的
	ペンをいじくる	落ち着きがない、不安
	貧乏ゆすりをする	緊張、嫌がっている

6. その他の留意事項

➤ 相手が話をしている途中で話を遮らない（かぶせない）

➤ 相手から、想定外のことや、嫌なことを言われても話題をそらさない

➤ マイナスの指摘は、なるべくプラス（肯定）に置き換えて発言するようにします
（例）
今回、なぜ失敗したと思う？
　　　↓
次回、どうしたら上手くいくと思う？

（おわりに）

最後までお読みいただき、ありがとうございました。

（インバスケット演習について）

本書にある回答の参考例とご自身の回答との違い、あるいは思考プロセスや分析、着眼点の違いなどは、ありましたでしょうか？

もし違いやギャップがあるのであれば、本書の中で書きましたマネジメント上のポイントや着眼点、対応策などを熟読して、どのような着眼点がなかったのか、結果、どのような対策や指示、依頼が不足していたのかなどを確認してください。何度も確認すれば理解できるはずです。また、自分自身の今後の着眼点などに加わっていくものと思います。

一方、本書に記載しました着眼点や対応策がすべて正しくて、これ以外に解はないということではありません。書中にも書きましたが「経営やマネジメントの判断に100％正解の解はない」のです。

本書に掲載しましたインバスケット演習には、多くの情報が盛り込まれていますので、想像力を使い、それらを組み合わせば、着眼点や解決策（手段）は幾通りも考え出すことができると思います。

ご興味がある方は、ご自身で他の方向性や解決策を考察してみてください。思考の幅がグンと広がると思います。

今後このインバスケット演習を通じて学んだことや経験したことをあなたのマネジメントの中に取り入れていただき、実際のビジネスシーンでお役立ていただければと思います。

そして、さらに別のインバスケット演習にも取り組んで、経験値を積み重ねていきたいという方は、拙著「人材アセスメント受験者、管理職のためのインバスケット演習」（出版社：ファストブック）、「インバスケット演習の実践」（出版社：ラーニングス株式会社）もご覧

いただければと存じます。

（面接演習について）

　面接演習は、お仲間やグループで実際に面接のロールプレイングを実施し、ビデオカメラやスマートフォン等で動画をお撮りになった方、動画を見てどのような印象でしょうか？

　本番の人材アセスメントの際に、初めてそれを見る方は、「自分の声と違う」、「ひどい上司だ」、「何を言っているのか意味が分かり難い」、「ちょっと、一方的すぎた」などと大抵驚きの感想があります。

　傾向としては、書中でも触れましたが、ティーチング・タイプのコミュニケーションをされる方が多いということです。

　ご自身は、どうだったですか？

　面接の目的設定は適切でしたか？
　ちゃんと相手の話を聴きましたか？
　適切に質問をして情報を収集しましたか？
　それを問題解決に繋げることはできましたか？
　思い込みや決めつけはありませんでしたか？
　相手の言葉に共感を示せましたか？
　嫌なことや想定外のことを言われても、受け止めましたか？
　笑顔は出ていましたか？
　怖い顔をしていませんでしたか？
　不要な動作は多くなかったですか？

　また、練習相手と実際にロールプレイングはせずに、197 ～ 200 ページで紹介しました面接演習のやり取り（例）を参考に学んでいただいた方、やり取り（例）と解説を見てどう思われましたか？

部下面接は、それぞれの目的や状況に応じて適切な対応をしていく必要があります。本面接演習では、問題を抱える部下に対する状況設定の中での面接でした。

　多くの方は、多かれ少なかれ、このやり取り（例）のようなやり取りをします。そして、このような話を繰り返ししている内に、10分間が経ってしまい面接は終了します。

　解説では、やり取り（例）について、何がマズイのか、どうすれば良かったのかなどについて見てきました。
　その解説にあったことを、あなた自身の日頃の考え方や着眼点、コミュニケーションと比較をしていただき、相違点や不足する部分があるかを確認してみてください。もし、不足する部分（弱点）があるのであれば、それを現時点での課題として認識いただき、今後の啓発や行動変容に繋げていただければと思います。
　そして、コミュニケーションの上達も、経験や体験の繰り返しがポイントです。
　是非、実際の職場、あるいは友人関係、家族でもドンドン試してみて、相手の反応を見ながら、自身のコミュニケーション能力の向上を目指していただきたいと思います。

　最後になりますが、本書の監修をしていただきましたＨＡコンサルティング株式会社ＣＥＯの廣瀬正人様（人材アセスメントに30年以上携わっています）に大変感謝申し上げます。また本書の出版に際して、ラーニングス株式会社代表の梶田洋平様には、多大なるお力添えをいただきました。本当にありがとうございました。

西山　真一

回答用紙

氏 名	

〈記入上の注意〉

1．左欄に案件番号を記入し、その処理を右欄に記入してください。
2．処理内容は指示文・依頼文などで記載してください。または心づもり・計画などを記入してください。

案件No.	処 理 内 容
（例）	
案件○	○○様
	○○○○○○○○○○○○○○○○○○○○○○○○
	○○○○○○○ （指示文） ○○○○○○○○○
	○○○○○○○○○○○○○○○○○○○○○○○○
案件○	○○○○○○ （メモ・心づもり・計画） ○○○○○○
	○○○○○○○○○○○○○○○○○○○○○○○○
	○○○○○○ （メモ・心づもり・計画） ○○○○○○

案件No.	処　理　内　容

（付録）面接演習振り返りシート　（本シートはコピー可です）

※このシートは面接の動画を見る際などに、ご活用ください。

チェック項目	コメント
面接の目的設定は適切でしたか	
面接の事前計画は適切でしたか	
重要な使命（部下育成、モチベーション、支援サポート、信頼関係など）は頭にありましたか	
アイスブレイクを有効に使いましたか	
相手との友好関係は構築・維持できましたか	
面接の雰囲気はどうだったですか。部下の胸襟は開けていましたか	
話が一方的になっていませんでしたか。双方向性がありましたか	
ちゃんと相手の話を最後まで聴きましたか	
適切に質問をして情報を収集しましたか	
踏み込んだ質問をしましたか（1回だけでなく、追加質問）	
それを問題解決につなげることはできましたか	

対策や自身の経験の押しつけは、ありませんでしたか	
質問は、尋問調になっていませんでしたか	
思い込みや決めつけはありませんでしたか	
相手の言葉に共感を示せましたか	
嫌なことや想定外のことを言われても、受け止めましたか	
ボディランゲージは、どうでしたか	
笑顔は出ていましたか	
表情は硬くなかったですか	
適度にアイコンタクト（目線合わせ）を行っていましたか	
相手の表情の変化やボディランゲージを見逃しませんでしたか	
部下の納得感はどうでしたか	
動画を部下の立場で見るとどうでしたか	
時間管理は適切でしたか	

【著者プロフィール】
西山真一（にしやま・しんいち）

- ＨＡコンサルティング株式会社　ＣＯＯ、人事総務マネジメントサービス株式会社　代表取締役、特定非営利活動法人日本ケースメソッド協会　理事副会長。
- 経営コンサルタント、セミナー・研修講師、中小企業診断士、社会保険労務士、人材アセスメント研修認定アセッサー（日本ケースメソッド協会）。
- 地域金融機関を経て、現在経営コンサルタント。経営、マネジメントや人事労務管理について実戦で培った経験を持つ。現在、セミナー・研修の講師や企業のコンサルティング、執筆などの活動をしている。
- ビジネス経験や経営コンサルタントのノウハウを生かし、これまで多くのインバスケット演習などのケースを開発してきた。
- 講師としては、実戦経験を生かし、論理的かつ分かりやすい講義が持ち味。研修や個別面接を通じた受講者のモチベーションアップが得意。人材アセスメントのアセッサーとしての実務経験も豊富。
- 企業コンサルティングでは、机上の空論ではなく、現場重視、モチベーション重視、人材重視、資金繰り重視で多くの企業の経営をよくしてきた実績がある。
拙著：「人材アセスメント受験者、管理職のためのインバスケット演習」（出版社：ファストブック）
「インバスケット演習の実践」（出版社：ラーニングス株式会社）

【監修】

廣瀬正人（ひろせ・まさと）

- ＨＡコンサルティング株式会社　ＣＥＯ
- 経営学修士（ＭＢＡ）、人材アセスメント研修認定アドミニストレーター（日本ケースメソッド協会）。

【所属会社】

ＨＡコンサルティング株式会社

〒226-0027
神奈川県横浜市緑区長津田5-1-12-３Ｆ
https://ha-consulting.co.jp/

（主な事業）
・人材アセスメント研修
・教育研修サービス
・出版物の企画、制作、販売

（ＨＡコンサルティングの特徴）

　ＨＡコンサルティングはマネジメント人材の評価・育成に特化した専門サービスを提供することにより、顧客企業の企業価値の向上、永続的な発展に寄与するとともに、個人の自律的なキャリア開発を支援しております。

　私たちは、管理職昇格選考時の評価（セレクション）に留まらず、個々人のポテンシャルの開発とパフォーマンス発揮までをトータルに支援していくことを使命と考え、今後も努力を傾注してまいります。

インバスケット演習と面接演習の実践

2020 年 9 月 1 日　初版発行
2024 年 8 月 29 日　　6 刷発行

著　者：西山 真一
監　修：廣瀬正人

発行所：ラーニングス株式会社
　　　　〒 150-0036　東京都渋谷区南平台町 2-13
　　　　南平台大崎ビル 3F
発行者：梶田洋平

発売元：星雲社 (共同出版社・流通責任出版社)
　　　　〒 112-0005　東京都文京区水道 1-3-30
　　　　Tel(03)3868-3275

ISBN：978-4-434-27738-2　C0036
©2020, Shinichi Nishiyama Printed in Japan